【新版】

カウンセリング入門

～職場におけるメンタルヘルスマネジメント～

赤堀 勝彦 編著

HM 保険毎日新聞社

はしがき

　少子高齢化の急速な進展や産業構造の急激な変化など、様々な社会変化が起こるなかで、現代に生きる者にとって心の健康が改めて問い直され、働く人たちのメンタルヘルスが社会的な関心事となっています。また、心の健康に問題があると職場における事故にもつながります。

　職場におけるメンタルヘルスマネジメントとは、働く人のメンタルがマイナス方向に進まないよう職場環境の改善やストレス緩和をするなど、心の健康面におけるサポートを重要視することを言います。

　したがって、メンタルヘルスマネジメントは、企業の生産性向上および安全確保等におけるリスクマネジメント（リスク管理）としても積極的に推進することが求められています。

　世界を震撼させてきた"コロナ時代"とその後の"不確実な時代"に、働く人々の心の健康こそがこうした時代を乗り切る鍵と言えます。

　内閣府等各種世論調査でも生活の視点が「物の豊かさ」より「心の豊かさ」を重視するようになっていることが指摘されています。こうした観点から、心の成長を促し、心身の健康を維持し、対人関係の向上にも役立つなど、カウンセリングの役割は重要であり、あらゆる分野で有益と言えます。

　他方、カウンセリングの学習は、円滑な人間関係のために役立つだけでなく、自己啓発を目指す人たちに対して有効・適切な発見を与えてくれるものと思います。

　本書は、主として、企業等の研修テキストに加えて、大学のキャリア講座や基礎演習等のサブテキストとしてまとめたものですが、次のような特長をもたせた内容構成となっています。

　①カウンセリングの概要について、Ｑ＆Ａ方式で体系的に、わかりやすく
　　解説していること

　②職場のメンタルヘルス、ストレスマネジメントについて、具体的、実践的
　　に記述していること

　③心とからだの健康設計について、健康管理と生きがいのポイントを簡潔に

まとめていること

　また、本書には「聴き上手になるためのコツ」や「意志力を強くするためには」、「マインドフルネス（Mindfulness）とは」などカウンセリングに役立つ情報としての "COLUMN" を随所に設けていることです。

　したがって、企業等の研修担当の方たちはもとより、その他広く一般の方々や学生にも十分に理解していただけるよう本書を執筆し、編集したつもりです。また、編著者のこれまでの企業実務および大学での授業経験から大学のキャリア講座や基礎演習等においても、積極的傾聴のトレーニングを行うことによりコミュニケーション能力を高めることやストレスマネジメントの実習により学習能力を高めることなどの効果があると考えられます。

　これからも、諸先輩や読者の皆様からのご意見・ご批判をいただき、本書をさらに充実させるよう努めていきたいと思っています。なお、巻末には、「職場のメンタルヘルス対策の推進とストレスチェック制度について―企業の法的リスクマネジメントの視点から―」の論文を掲載し、内容の充実を図るように努めました。

　本書は、先ず 2002 年に㈱経済法令研究会より『コミュニケーション・スキルアップのためのカウンセリング入門』という書名で出版し、大変好評を博しましたが、在庫が品切れになったことにより、その後、㈱経済法令研究会の快諾を得て、大幅に加筆・修正を加え、㈱三光より『カウンセリング入門―職場における心のリスクマネジメント―』という書名で出版しました。さらに、今般は、在庫が残り少なくなったことにより、最新情報を加えるなど所要の見直しを行い、【新版】『カウンセリング入門〜職場におけるメンタルヘルスマネジメント〜』として刊行したものです。

　最後になりますが、本書の出版にあたっては、㈱ 保険毎日新聞社出版部のスタッフの方たちに大変お世話になりました。厚く御礼申し上げます。

2021 年 2 月

赤　堀　勝　彦

目　次

第3章　傾聴について

第4章　メンタルヘルス

第１章

カウンセリングとは

1　カウンセリング（Counseling）とは

Q カウンセリングとはどういう意味ですか。

A 言葉を主な媒介物として心理的な問題や悩みについて専門的な援助をすることです。

1．カウンセリングの意味

　カウンセリングとは、援助を求めている人達に対する心理的コミュニケーションを通じて援助する人間の営みです。カウンセリングはアメリカで開発され、発達した学問であり、実践です。その行為をする人をカウンセラー（counselor）と呼び、そのカウンセラーに援助を受ける人をクライエント（client、クライアントと表記することもある）、またはカウンセリー（counselee）と言います。一般にカウンセラーの方は英語のままで、クライエントの方は来談者と表現され、使われていることが多いです。

2．カウンセラーの役割

　カウンセラーの主な仕事は、クライエントと治療的なコミュニケーションを作り上げ、維持、発展させていくことにあります。もともと、私たちは精神的苦悩などに苛まれたときは、家族・知人にその悩みを打ち明け、聞いてもらうだけで 気持ちが楽になり、新たな勇気を持って生活に立ち向かっていく性質を持っています。コミュニケーションはそれがカウンセリング的枠組みを取るか否かにかかわらず、治療的効果を備えているものなのです。

　しかし、クライエントの備えている問題の根が深く、社会生活上にも様々な支障を覚えるようになると、日常のコミュニケーションだけでは対応できなくなります。そこに専門的知見や人格、技能を備えた治療的コミュニケーションの専門家としてカウンセラーが必要とされるのです。

　つまり、カウンセラーの仕事は、精神的、心理的援助を必要とする人に、心理学を基礎にした人間理解と援助をすることです。心理的援助をするという点ではカウンセラーの仕事は精神科医の仕事と非常に似通っています。

しかし精神科医は、医師という資格を持っており、そのためにできる投薬などの医学的援助も行いますが、カウンセラーは心理的援助のみを行うという点で精神科医と異なる部分があります。

② カウンセリングとコンサルティング(Consulting)の違いは

Q カウンセリングとコンサルティングとではどのような違いがありますか。

A 一般的な助言・相談はコンサルティングまたはコンサルテーション(Consultation)であってカウンセリングとは言えません。

　カウンセリングという言葉を英語の辞書で引くと、助言とか相談となっています。しかし助言とか相談という言葉はカウンセリングを的確に表現しているとは言えません。助言するということは、助言者に主体性が置かれ、クライエントの主体性が失われるからです。

　カウンセリング本来の機能は、助言・指導などの明快な解決方法の提示や指導は原則として行わず、問題の解決はクライエント自らが主体的・自主的に解決することに意義があるのです。

　また、いわゆる相談はコンサルティングまたはコンサルテーションであってカウンセリングとは言えません。コンサルティングをする人をコンサルタント(consultant)と言います。

　コンサルティングまたはコンサルテーションの意味はある分野に専門的知識や理解を持ち専門的な対処の方法を知っている人が、疑問とか悩みに付いて情報を提供したり、解決の方法を教えたり、また問題をどのように理解したらよいかという問題分析や診断の方法を教えたりすることを言います。たとえば、経営相談・法律相談・税務相談などが挙げられます。

　身の上相談、コンサルティング（またはコンサルテーション）とカウンセリングの比較を [図表 1-1] に示すこととします。

【図表 1-1】 身の上相談、コンサルティング（またはコンサルテーション）とカウンセリングの比較

	身の上相談	コンサルティング（またはコンサルテーション）	カウンセリング
人	回答者 （人生経験豊かな人）	コンサルタント （ある分野に専門的知識、経験、技能を持った人、専門的な対処の方法を知っている人）	カウンセラー （心理学を下地とした専門分野の臨床家）
内容	①悩みや疑問について（イ）情報提供、（ロ）問題分析、解決の方法を教える（ハ）診断をする。 ②ここでは主に、個人の情緒的悩みや具体的、現実的問題が話される。 ③たとえば、テレビ、ラジオの人生相談、手紙による新聞、雑誌の紙上相談、電話相談、結婚相談など	①課題や問題、事柄について、問題の理解と助言、（イ）（ロ）（ハ）は左記に同じである。 ②ここでは個人の情緒的問題や性格を直接的問題として扱わない。課題中心である。 ③たとえば、経営相談、法律相談、税務相談、精神衛生相談、育児相談、健康相談など	①心理的な問題や悩みなどについて心理学を基礎とした人間理解と専門的援助を行う。 ②たとえば、クライエントの受容、共感、無条件の尊重、理解的態度を中心とした対応、相手の話を促進する聞き方、場面構成など

3　カウンセリングとサイコセラピー(Psychotherapy)の違いは

Q　カウンセリングとサイコセラピーとではどのような違いがありますか。

A　サイコセラピーの対象は神経症、精神病を有する人であるのに対しカウンセリングの対象は健常者です。

　アメリカの臨床心理学者で来談者中心療法の創始者、ロジャーズ（Rogers, C. R. 1902 ～ 1987）のようにサイコセラピー（心理療法）とカウンセリングを識別しない人もいますが、一般にその働きの起源のところで、心理学者はカウンセリングを行い、精神科医はサイコセラピーを行うとも言えます。

　國分康孝教授は『カウンセリングの原理』（誠信書房）の中で、サイコセラピーとカウンセリングの識別を提唱しています。つまり、サイコセラピーの対象は病理的人格であり、神経症、人格障害、精神病を有する人が主な対象になるということです。通俗的に言えば「心が病んでいる人」です。病人であるから生活の場から一時身を引いて入院するなり、自宅療養をせざるを得ない人を援助するものです。

　一方、サイコセラピーとは対照的に、カウンセリングの対象は健常者です。健常者は病んではいませんが、現実の中で解かねばならぬ心理的な問題を抱えて困っているのです。そのためカウンセリングでは心理的な問題の方法を講ずることになります。

　また、カウンセリングとサイコセラピーは、理論や方法において重なるところが多く、交換可能な用語として使用されることもあります。しかし、両者の源流は異なり、カウンセリングはアメリカにおいて、サイコセラピーはヨーロッパで生まれたものです[1]。

---

1)　日本産業カウンセラー協会編『産業カウンセリング 産業カウンセラー養成講座テキスト 1』158 頁（改訂 7 版）（2018 年）〔末武康弘筆〕。

Q 職場のカウンセリングはどこで、いつ頃から起こり、どのように発展してきたのですか。

A 20世紀初頭のアメリカで発生した3つの社会的運動がカウンセリング活動の源流となっています。

　今日のカウンセリングを育ててきたルーツを見ると、アメリカにおいて20世紀初頭から発生してきた3つの動きを見出すことができます。すなわち、職業指導運動、教育測定運動、精神衛生運動の3つの社会運動で、3大源流と呼ばれています。

1. 職業指導運動（Vocational Guidance Movement）

　この運動の芽生えは1908年にパーソンズ（Parsons, F. 1854 ～ 1908）がボストン市に職業指導局を開設したときに始まります。20世紀初頭のアメリカでは、従業員の雇用は本人の適性や興味を考慮せずに行われていたので、就職後1年もたたない内に退職するものが続出する有様でした。

　こうした状況を改善するために、パーソンズは「丸い釘は丸い穴に」というスローガンを掲げて、職業指導に職業の分析・個人の分析・カウンセリングの3つのプロセスを提唱しました。まず第1に、ある職業にどのような能力や適性が必要なのかということをきちんと分析しなければならないとしました。つまり「穴」のほうを明確に理解しなければならないということです。

　第2に、個人をきちんと分析しなければならないとしました。つまり「釘」のほうを分析しなければならないということです。そして、この職業の分析と個人の分析を統合することが職業指導の中心であり、この2つを結びつける第3の行為こそがカウンセリングだとしたのです。彼は職業指導局で適材適所の指導を行う担当者をカウンセラーと呼びました。

　職業指導運動は、その後同じ頃に始まったアメリカの精神衛生運動や教育測定運動と合流し、ガイダンスやカウンセリングの発展を促し、世界的にも、ま

た第二次世界大戦後の日本にも大きな影響を与えています。

2．教育測定運動（Educational Measurement Movement）

　初期の職業指導運動は個人の分析にまで至りませんが、これは適性診断のための用具がまだ発達していなかったことに原因がありました。この個人を正しくとらえるためには、客観的な測定の技術が必要であるとの考え方から、各種の心理診断の技術が発達しました。

　その1つはフランスの心理学者ビネー（Binet, A. 1857 ～ 1911）による個別式知能検査の立案です。また第一次世界大戦を契機として団体式知能検査が開発されたことも、測定史上、大いに寄与するところがありました。このような一連の精神測定法の発展を背景としてできたのが、「教育測定運動」と呼ばれるものです。1914 年に教育測定第一回年次大会が開かれ、ソーンダイク（Thorndike, E. L. 1874 ～ 1949）が、「全て存在するものは量的に存在する。量的に存在するものはこれを測定することができる」と発表しました。つまり知能とか興味などを測定することができると考えました。その後この分野は学校教育の分野で燃え拡がり、1930 年頃には全盛期を迎え、この運動により、人間を客観的に診断することの必要性が認識され、その方法が知能、性格、技能などについても盛んに研究されるようになりました。そしてそれらの測定法がカウンセリングの発達に大きな役割を果たしたことは注目に値します。

3．精神衛生運動（Mental Hygiene Movement）

　カウンセリングの発展に貢献した3番目の動きはビアーズ（Beers, C. W. 1876 ～ 1943）によって唱えられた精神衛生運動です。彼はエール大学を卒業後、税務署や生命保険会社に勤めましたが、抑うつ状態や幻聴や妄想が出現し、精神病院の入退院を繰り返しました。この時の精神病院の体験記『わが魂に出会うまで（A Mind That Found Itself）』を 1908 年に出版しました。

　ビアーズはこの本を書く前にユーゴーの「レ・ミゼラブル」を読み、感動して、体験記を書く契機になったと言われていますが、「わが魂に出会うまで」は多くの一般人の共感を呼び、人々の関心を精神病院に向けさせました。

　彼は自分の入院体験から、精神病の絶滅を期して全国精神衛生委員会を創立

し、この運動発展の大きな推進力になりました。

　この精神衛生運動は当初は精神病患者の処置や看護の改善がねらいでしたが、やがてこれは非行少年の調査や指導、児童ガイダンス、クリニックの開設、人間の問題行動の研究と治療という幅広い活動へと展開していきました。

　カウンセリングはこれら３つの運動を背景にして発達してきたものです。いずれも人間理解の重要性とその基礎となる人間観の重さを示しています。

5　アメリカと日本の企業内カウンセリングの発展とは

Q アメリカと日本で発展した企業内カウンセリングの主なものにはどのようなものがありますか。

A 主なものには、アメリカでは、ヘンリー・フォード、R.H. メイシー社、ウエスタン・エレクトリック社、オークリッジなど、日本では、日本電信電話公社（現在 NTT）などのカウンセリング・プログラムがあります。

アメリカの企業が、従業員の個人的な適応について援助の必要を認めるようになったのは、1920 年代に入ってからでした。産業カウンセリングの揺籃期には、企業ニーズや社会的背景の違いから、異なったタイプのカウンセリングが行われましたが、次に挙げる企業で実施されたカウンセリング・プログラムは、それぞれに特色のあるものでした[2]。

1．ヘンリー・フォード（Henry Ford）のカウンセリング・プログラム

アメリカの自動車会社フォード・モーターの創設者、ヘンリー・フォード（Ford, H. 1863 ～ 1947）が 1914 年、「教育部」を創立し、一種のカウンセリング・プログラムを立案しました。このプログラムは工員に対して、個人的な問題に関する助言をし、保健・法律・家族などの諸問題について援助し、かつ、フォード自身が決めた社訓に従って、暮らし方についての調査をし、これによって「労働者の生産性が低いこと」と「労働力の異動・退職の激しいこと」の2つの大問題を改善することを目的として創立しました。

しかし，この「教育部」のカウンセリング・プログラムは、一見新しく見えながら、実は古い権力主義と家父長主義（paternalism）に基づいたもので、労働者の労働時間外の余暇の生活を聞き出したり、監視したり「どのような暮らし方をすべきか」などという説教を押しつけられたりしたため、労働者は我慢

---

2) 杉渓一言ほか編著『産業カウンセリング入門』（改訂版）4 ～ 12 頁（日本文化科学社、2007 年）〔杉渓筆〕、日本産業カウンセリング学会監修『産業カウンセリング辞典』11 頁、309 頁ほか（金子書房、2008 年）〔楡木満生筆〕。

できないということで、このプログラムは労働者から嫌われ、不成功に終わりました。

2．R.H. メイシー社（R. H. Macy & Co.）のカウンセリング・プログラム

　Macy's（メイシーズ）はアメリカ有数の百貨店のひとつですが、1924年から4年間にわたって精神科医アンダーソン（Anderson, V. V.）の指導のもとに問題従業員についての調査研究を行いました。彼の主な関心事は問題従業員の本質を明らかにすることであって、彼は従来の研究から、問題のケースが4つの主要なグループに分けられることに気づいたのです。

　「グループAは仕事ではなくパーソナリティに混乱がある。グループBはパーソナリティの混乱ではなく不適正な配置が問題、グループCは、人事管理上特に問題があり、デパートで働く限り精神的に問題がある。グループDはどんな処置をとっても直らない、解雇せざるを得ない。」というものでした。

　アンダーソンは、4年間にわたって、全従業員を調べましたが、彼らは全て何らかの問題を持っていることが判り、会社の医務室に来る医療ケースのほとんどが一般医ではなく、精神科医の扱うべき患者であったことを指摘しました。

　そのケースとは、環境反応、疲労問題、神経的および心理的疾病のおそれのあるケースなどでした。

　アンダーソンが心理学者、ソーシャルワーカーらとチームを組んで、従業員との面接を行った結果、問題従業員の3分の2は勤務態度が向上したということです。つまり、カウンセリングを行うことによって、会社としては新規採用や教育訓練にかかる経費を節約できたということです。

3．ウエスタン・エレクトリック社（Western Electric Co.）のカウンセリング・プログラム

　ウエスタン・エレクトリック社[3]は、1927年、能率を上げるために職場の事情に詳しい人（この中には精神科医や専門家もいない）を選び従業員の不平・不満を聴く方法を実施しました。面接の方式はあらかじめ質問事項を決めて質問する形式をとりました。しかし、うまくいかず、やり方を色々変更した結果、面接担当者は質問をしないで従業員に話したいことを話してもらうようにしま

した。

　一番大事なポイントは相手に質問せず、何でも話してもらう形式をとりました。その結果、次のような効果が見られるようになりました。

　①こういう面接のプログラムがあるということで監督者が変化してきた

　②面接担当者は相手の話をよりよく聴こうとするテクニックを作ることができた

　③従業員としては、自分の発言が自由に認められたことで不満を解消することができた

　このような流れから産業の場でのカウンセリングが広がっていきました。

4．オークリッジ（Oak Ridge）のカウンセリング・プログラム

　オークリッジは、テネシー州にある工業都市で第二次世界大戦中に原子爆弾の製造工場を中心に急速に発展しました。しかし、この都市の成長に伴って様々な問題が生じました。まずこの新都市への移住に伴う問題でした。

　それは扶養家族を持つ職員自身や、その妻子、独身者にも生じ、工場付近に住む 12,000 世帯の生活も予想したほど順調にいきませんでした。この地に来て新たに得た生活の自由さと、その必然的産物である非人間性とによって、強迫かつ不安定な行動、およびホームシック的な状態が生じたのです。また子どもの非行も発生したので、工場側はこのような問題に対する解決策として、寄宿舎付きカウンセラーを任命しました。

　従業員達は高度の軍事機密保持の立場から、職場のことを話すのを厳禁されていたので、夫婦の間さえ気まずくなり、特に科学者グループにおいてはそうでした。

　社員の間で情緒不安定やノイローゼの症状が現れ、心身症や家族のトラブルなども目立つようになってきました。

---

3)　ウエスタン・エレクトリック社は、1869 年にクリーブランドで設立され，1982 年アメリカン・ベル・テレフォン社（American Bell Telephone Company：ベル・システムの親会社）の傘下に入ったが，1900 年同社が AT&T(American Telephone and Telegraph Company) に吸収されたのに伴い，AT&T 傘下になった。1996 年、AT&T の分割に伴い、同社は消滅したが、現在はフィンランド・エスポーに本社を置くノキア（Nokia）が事業を後継している。（http://www.wikiwand.com/en/Western_Electric）。

そこでこれらの問題に対処するために、従業員と家族および地域社会に対するカウンセリング・プログラムが計画されました。

　その第1は、神経症などの症状を持つ患者のために病院を作り、治療を行うこと、第2は、児童の指導と家族相談を含む市や町の機関サービスを行うこと、第3は、工場の従業員に対して問題行動の早期発見に努め、予防的な措置を講ずることです。

　オークリッジでは、これらのカウンセリングサービスの実施によって、従業員に抑圧されていた職場、家庭の悩みを吐き出すことができ、心身の適切な治療も受けられるなど、大きな効果をもたらしました。

5. 日本のカウンセリング・プログラム

　わが国の場合、戦前では、産業界の相談活動はごく一部の企業で、経済的な問題を主とする生活相談的なものが行われていたにすぎませんでした。戦後になり、アメリカからマネジメントや人事管理のノウハウが伝えられる中でわが国にも企業内のカウンセリングが芽生えてきました。

　まず、1954年（昭和29年）、日本電信電話公社（現在NTT）がカウンセラー制度を試行的に導入し、続いて1956年（昭和31年）には国際電信電話株式会社（現在のKDDI）にカウンセラーが置かれ、1957年（昭和32年）には松下電器産業（現在のパナソニック）、明電舎、神戸製鋼などの会社が、これにならって制度を設けました。

　その後、わが国の産業経済を担う主だった企業が、産業カウンセリングに着目し、産業カウンセリングは急速な発展を見せました。

　また、日本の産業界におけるカウンセリングへの期待、メンタルヘルス対策の普及を背景に、産業カウンセリングにかかわる専門家集団も成長を続けてきました。1960年（昭和35年）には職能団体として日本産業カウンセラー協会が設立され、さらに、1996年（平成8年）には、産業カウンセリングに関する学問的な学術団体として日本産業カウンセラー学会が創設されました。

　産業カウンセリングは、社会経済の流れのなかで、その役割を担いながら将来を展望し、時代のニーズを追うだけでなく、それを予防的に先取りする力を備えて、勤労者一人ひとりと組織の成長に貢献する存在になることが期待され

ています[4]。

<table>
<tr><td>**COLUMN 1**</td><td>産業カウンセリング、産業カウンセラーとは</td></tr>
</table>

・・

　日本産業カウンセラー協会によれば、「産業カウンセリングは、仕事や職場の人間関係などから生じるストレスや心の問題に対するカウンセリング（メンタルヘルスカウンセリング）のみならず、産業社会における生き方の設計や近年の人事制度や組織の変更に伴う職業生涯における生き方の再設計とそれに対応する能力開発を支援するためのキャリアコンサルティング、また産業場面におけるカウンセリング・マインドの普及・啓蒙など、大きく3つの領域・機能に分けられる。産業カウンセラーはこれらの場面で、『人は誰でも自らを維持し、強化する方向に自分自身を発展させようとする自己成長力が備わっていて、自己を実現しようとする力を持っている』という人間観に立ち、働く人々が自らの力で問題を解決できるように援助する役割を担っている。」ということである。

　わが国の産業カウンセラーの資格認定は、日本産業カウンセラー協会がこれを実施している。

　産業カウンセラー試験の合格者は、同協会に登録を行うことにより、協会認定「産業カウンセラー」として「産業カウンセラー」の資格呼称を使用し活動することができる。

　産業カウンセラーの試験、養成講座、活動状況、その他詳細についての連絡先（申し込みおよび問い合わせ先）は、以下のとおりである。

●一般社団法人 日本産業カウンセラー協会
（JAICO: Japan Industrial Counselors Association）
〒 105 － 0004　東京都港区新橋 6 － 17 － 17　御成門センタービル 6 階
TEL：03 － 3438 － 4568　　FAX：03 － 3438 － 4487
https://www.counselor.or.jp

出所：日本産業カウンセラー協会のホームページ（https://www.counselor.or.jp）、日本産業カウンセラー協会編産業カウンセリング各号、その他参照。

・・

---

4)　杉渓・前掲注 2 ）12 頁。

第2章

カウンセリングの理論

1　カウンセリングで用いられる理論とは

Q	カウンセリングで用いられる理論にはどのようなものがありますか。
A	20世紀の前半においてはウィリアムソンによって体系づけられた臨床的カウンセリングとロジャーズの唱えた来談者中心療法の2つが中心でしたが、20世紀後半に入ると、ゲシュタルト療法、交流分析、行動療法など多彩な理論と方法が生まれました。

1．産業カウンセリングで用いられる主な理論

　現在、カウンセリングや心理療法で用いられる理論・技法は多様化し、わが国で知られているだけでも70～80種あると言われています。カウンセリングの理論は、20世紀の前半においてはウィリアムソン（Williamson, E. G. 1900～1979）によって体系づけられた臨床的カウンセリング（clinical counseling）とロジャーズの唱えた来談者中心療法（client-centered therapy）の2つが中心でした。

　そこで、カウンセラーの間でいわゆる指示的カウンセリング（directive counseling）と非指示的カウンセリング（non-directive counseling）、そして、両者の折衷的カウンセリングをめぐって理論的な論争が行われていました。しかし、20世紀後半にはいると（1950年代）、心理療法の新しい考え方が次々に登場してきます。まず、パールズ（Perls, F. S. 1893～1970）によってゲシュタルト療法が創唱され、続いてエリス（Ellis, A. 1913～2007）が論理情動療法を開発しました。また、同じ頃バーン（Berne, E. 1910～1970）が交流分析の理論を体系づけています。

　1960年代になると行動療法、家族療法、エンカウンター・グループといった有力な理論が注目を浴び、今日のカウンセリングの理論的な基盤が次第に整えられてきました。さらに、1970年代から1980年代と進む中で次々と多彩な理論と方法が生まれ、今日に至っています。

2. その他の理論

　まず一定の道具を用いるものとして、箱庭療法[1]、音楽療法などがあります。また、サイコドラマ、ソシオドラマ、ロールプレイングは"役割"を用いるところに特徴があります。

　さらに、フォーカシング、自律訓練法、バイオフィードバックはそれぞれ異なった性格を持っていますが、いずれも"身体感覚"を治療や訓練に取り入れているのです。

　哲学的、人間学的な色彩の強い心理療法としては実存分析、現存在分析、ロゴセラピーがあり、一方、地域社会や小グループの自助能力を活用するものに、コミュニティ・グループやセルフ・ヘルプ・グループなどの方法があります。

　また、わが国では以前から開発されていた、森田療法や内観療法（内観法）もその独特の理念と方法が、近年関心を集めています。

---

1)　箱庭療法（Sandplay Therapy）は、ユング心理学を応用した心理療法の一つである。砂の入った箱に相談室で用意したミニチュアの玩具（動物、乗り物、木、建物など）を自由に選択していくことで自分の好きな情景をつくり、自分を表現する。言語の表現は、主に意識している内容を話すことになるが、箱庭では意識していないこと（無意識の世界）までもが表現されることもあって、置いた後で自分でも驚くことがある。昔からある箱庭や盆景などのように、小さなところに宇宙的な調和を表現するこの技法は、日本人の情感によく合うので、子どもの遊戯療法だけではなく、大人の精神の調和をはかるためにも広く用いられている（國分康孝編『カウンセリング辞典』449 頁（誠信書房、1994 年）〔細井八重子筆〕）。

　また、心理療法の最も有効な手段の一つである箱庭は、元型的かつ個人的に投影された分化過程に対しインスピレーションを与え、それをきちんと箱庭上に並べさせしめる。その点では他に比類するもののない、傑出した投影的な治療法と言える（Ryce-Menuhin,J., *Jungian Sandplay*, Routledge,1992（山中康裕監訳『箱庭療法―イギリス・ユング派の事例と解釈―』144 頁（金剛出版、2003 年））。

[図表 2-1] カウンセリングの諸理論の系譜 [注1]

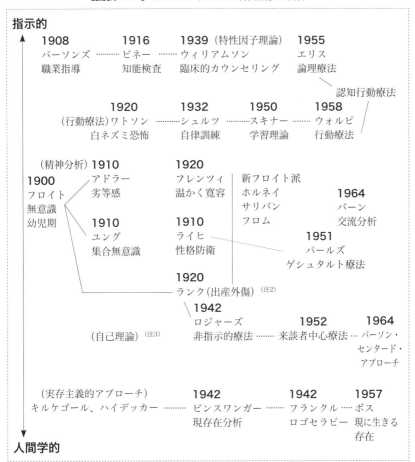

注1：この図では縦軸は上の方に指示的傾向の強い理論を、下の方にはクライエントの気持ちに沿っ
　　てカウンセリングを行う理論を示してある。さらに、横軸は左から右に時間の経過順に示し
　　ている。

注2：出産外傷説（birth trauma）はランク（Rank, O. 1884 ～ 1939）によって提唱された説である。
　　「人は出産によって精神的に傷を残す。そしてあらゆる神経症は、この出産外傷にまでさか
　　のぼれるのであり、それを分析により意識化することが治療に役立つ」とした。

注3：自己理論（self theory）は ロジャーズによって 1950 年代に提起・展開された来談者中心療
　　法のパーソナリティ理論（性格論）のことである。

出所：杉渓一言ほか編著『産業カウンセリング入門』（改訂版）（日本文化科学社、1995 年）、日本
　　産業カウンセラー協会編『初級産業カウンセラー養成講座テキスト』（1998 年）、日本産業カ
　　ウンセラー協会編『産業カウンセリング 産業カウンセラー養成講座テキスト 1』（改訂 7 版）
　　（2018 年）、ほか。

2 精神分析療法（Psychoanalysis Therapy）とは

Q 精神分析療法とはどういうことですか。

A フロイトが創始した精神医学的治療法です。

1. 意識と無意識

　精神分析は、オーストリアのウィーンに住んでいたユダヤ人であり、神経病の開業医であったフロイト（Freud, S. 1856～1939）によって創始された人間心理の理論と治療技法の体系を指し、その特徴は人間精神の中に意識されない無意識の分野があるとすることです。

　フロイトは神経症の症状は無意識な抑圧された心の内容のはけ口であるから、それを意識して人格に統合することで症状が消失すると考えました。

　さらに、フロイトは精神分析療法を施行した患者や自己分析の体験から、押さえつけられた意識から拒絶されている無意識世界の中心をなすものはエディプス・コンプレックス（Oedipus complex）[2] であり、それは人間の本能衝動（近親相姦願望）の突き上げと、それに伴う不安、恐怖、罪悪感などの感情（去勢不安）が複雑にからまったものであると考えました。無意識の領域にあり、絶えず意識の領域に侵入し日の目を見ようと活動しているものは性的なエネルギーを持つ本能衝動であるとしたのです[3]。

2. 心の構造

　その後、フロイトの精神分析療法では、神経症をはじめとする各種の精神的疾患や不適応の治療を考えていきますが、その場合には無意識をさらに発展させ、次のような人格の3領域説（1923年）を用い、個人の言動は力動的なこれ

2）　子どもが性の違いと親子関係の矛盾に気が付いたときに持つコンプレックスのことで、男の子が母親を愛し、自分のものにしたいけれども、父親がいて望みが叶えられないといった親子関係の中での複雑な気持ちを表わしている。ギリシャ神話「エディプス王」の話から、この名が付けられた。

3）　福井敏「フロイトの人格論」こころの科学通巻61号35頁（日本評論社、1995年5月）。

らの勢力間の力関係で決まるとしたのです。

（1）　イド（id、Es）

イドは無意識的なものが生物的・本能的エネルギーに満ちた無秩序で衝動的な心の部分を指しています。フロイトはドイツ語のエス（Es）という言葉を使用していますが、これは非人称代名詞の「それ」（英語　it）であり、私という人称に属さない不定のもの、つまり人間が直接とらえることができない混沌とした不可知なものという意味です。この「イド」のエネルギーが意識の領域に侵入すると、はじめて感知できる形が与えられ、願望や空想、あるいは外界への興味や働きかけとしてそのエネルギーが発散されます。性的願望や破壊的行動は、それらの代表と言えます。

（2）　自我（ego）

イドの衝動的な活動をそのまま発動すると社会から制裁を受けたり、苦痛と恐怖を生じたりして、不適応現象をもたらします。そこで自我はイドの要求の即時性を時間的に延期することにより、イドも満足させるとともに後述の超自我をも満足させ、現実にも適合した行動を達成することになるのです。つまり自我の働きによって、要求を直ちに満たすことを待つことができたり、現実に見合う行動として組み立てることができるようになるのです。

（3）　超自我（super ego）

超自我は日常語で良心と言われています。つまり、超自我は人間が起こす言動、特に欲望を満たそうとする行動が、一般に良心と呼ばれているものから外れていないのかどうかを常に見張っており、もし良心の軌道から外れていれば、批判し禁止する働きを持っています。超自我がよく法廷にたとえられるのはこの働きからです。また、超自我は、子ども時代に両親から受ける禁止や罰に対する現実的な恐れや、両親に従わないと愛情を失ってしまう恐れが、子どもの内面に取り入れられて形成されるというのです。

フロイトは以上のようなイド、自我、超自我という精神構造を仮定して、日常生活における人の言動や思考のあり方を説明しようとしました [図表2-2]。

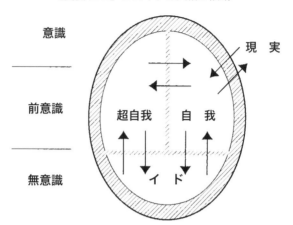

[図表 2-2] フロイトの人格3領域

意識

前意識

無意識

現　実

超自我　　自　我

イ　ド

(注)　フロイトの精神分析の基本的論理は、人間の心の領域を意識・前意識・無意識の3領域からと
らえ、抑圧された無意識の願望が夢や神経症の症状に表現されると考える。前意識は普通意識の
周辺にあって、意識的に意識化することのできるものである。また無意識は、普通意識に上るこ
とのないもので、精神分析によって意識化することができる。また精神分析では人格の構造として、
イド・自我・超自我の3層を仮定している。イドに生じた欲求は自我と超自我の2経路を進むが、
超自我の中では道徳的なチェックを受け、自我に進む。自我では現実から来た課題とイドから来
た欲求、さらには超自我経由でチェックされてきた欲求などが検討され、対処法を決めるのである。
決定された対処法が適切であった場合には欲求は減少するが、不適切な場合には欲求が増大し不
安や緊張になってたまるのである。
(出所)　日本産業カウンセラー協会編『初級産業カウンセラー養成講座テキスト』(1998年)、日本産
業カウンセラー協会編『産業カウンセリング 産業カウンセラー養成講座テキスト1』(改訂7版)
(2018年)、ほか。

| COLUMN 2 | 「困った人たち」とどうかかわるか～好きか、嫌いか～ |

　職場や家庭で身近な人を傷つけたり、困らせたりする人たち、上司、部下、同僚、夫、妻、友人、恋人…私たちの身近なこれらの人たちをどう理解し、彼らにどうかかわったらよいのか。

　しかし、このような人たちのパーソナリティについての理解がいくら得られても、まずそれ以前に、その人が好きなってしまったり、あるいは、理性を超えて、その人がどうしても嫌いでいやだという場合がある。好き嫌いということと、困った人々であるかどうかということは必ずしも一致しない。困った人であっても、縁があって、困れば困るほどその人が愛おしいとか、その人のために苦労しようという気持ちに駆り立てられることもある。また、パーソナリティも健康でなかなかよい機能を持っていると判断できても、どうしてもその人が好きになれなくて、その人と一緒にいるのがつらいとかいやだということもある。

　つまり、人と人とのかかわりは、もっと情緒的なものや、その人の生い立ちや文化、好みによって大きく左右される。とりわけ好き嫌いという直感的・本能的な好みというのが人と人とのかかわりを大きく決定する。

　そこで悲劇的な事態が起こるのは、困った人であることがわかりながらも、その人のことが好きだったり、その人と離れられないような心理状態に陥る場合である。このように、困った人と知りながら離れられないような場合には、自分のその気持ちを十分に洞察し、相手に対する認識を深め、どんなふうに自分が困らされているかという筋道をあきらかにすることで、その人から卒業して離れることができるようなる。

　また、嫌いな場合にも、どういうところが嫌いなのかをよくのみ込み、認識することで、こちら側の適切な対処の方法を見出すことができて、今までより嫌いな度合いが減る場合もあるかもしれないということである。

出所：小此木啓吾『あなたの身近な「困った人たち」の精神分析』246～ 247頁（大和書房、1995年）を基に作成（著者一部修正）。

3 　特性因子理論（Trait-factor Theory）とは

Q 特性因子理論とはどういうことですか。

A 心理テストを用いたカウンセリングの基礎理論のことです。

　特性因子理論は、心理テストを用いたカウンセリングの基礎理論のことです。特定の人物によって提唱された理論ではありません。心理学の歴史上の人間理解の一つの理論であって、簡単に言えば人間は様々な特性を持っておりその特性の束がパーソナリティを形成していると考えます。

　ここでいう特性とは観察し得る反応のことであり、因子とは特性の背後にある能力のことです。たとえば、「鳥とは何ですか。どんなものですか」と子どもにきくと、子どもが「飛ぶもの」と答えたとすれば、その子どもは概念化の能力があるとみなします。

　また、「先生が今から言う言葉をよく聞いていて、先生の言ったとおりまねして言うのですよ」と指示した後、何か簡単な文を繰り返させます。そして、きちんと繰り返した子どもは記憶力があるとみなされます。ここでは、記憶力とか概念化が特性であり、特性の背後にある共通要因を抽出して表現する言葉の能力が因子です。

　この理論では、人はそれぞれに特性・因子のあるまとまり具合を持っていると見て、それをパーソナリティと考えます。特性には好ましいものとそうでないものとがあります。それらを総合しているのが人であり、その意味から人は善・悪のように割り切れない存在であるということになります[4]。

　特性因子理論に基づくカウンセリングは、専門家が資料を収集し、解釈し、見通しを立てて、かかわっていくというプロセスをたどるから、性格テストや知能テスト、適性検査などを実施して、その人の問題点や特徴を明らかにしていきます。

　この理論に基づくカウンセリングは、職業指導運動の流れをくみ、それに心

---

4)　國分編・前掲注1）416頁〔西昭夫筆〕。

理学の成果を生かして、科学的・臨床的な方法に結実させたという点で、カウンセリングの歴史の中では非常に重要な位置を占めています [5]。

---

5)　平木典子『カウンセリングの話』79 頁（朝日新聞社、1996 年）。

4　来談者中心療法（Client-Centered Therapy）とは

Q 来談者中心療法とはどういうことですか。

A ロジャーズが創始した心理療法です。

1. 来談者中心療法とは

　これは、アメリカの臨床心理学者、ロジャーズが創始した心理療法です。

　ロジャーズは 1942 年に『カウンセリングと心理療法』を発表し、従来の解釈、分析、カタルシス、助言、命令などの指示的療法に対し、非指示的療法を提唱しました。

　非指示的療法の背景には、クライエント（来談者）は成長する存在であること、クライエントの知的側面より感情的な側面を重視すること、クライエントの過去を扱うのではなく現在を扱うことなど、当時としては画期的な新しい観点がありました。

　さらに、1951 年に『クライエント中心療法』を出版することによって来談者中心療法を提唱したのです。その中ではクライエントへの受容的な態度、感情の反映、共感的理解が強調され、非指示的技法からクライエント中心へ発展させていきました。

2. ロジャーズ理論の発展過程

　ロジャーズの理論は常に発展し変化を続けているところに特色があります[6]。来談者中心療法の展開の過程をまとめると次のようになります[7]。

---

6)　ロジャーズの人生、学説および学派の展開等詳細については、金原俊輔「カール・ロジャーズの生涯」長崎ウエスレヤン大学地域総合研究所紀要 11 巻 1 号 21 〜 52 頁（2013年）参照。

7)　日本産業カウンセリング学会監修『産業カウンセリング辞典』376 頁（金子書房、2008年）〔末武康弘筆〕、ほか。

（1）　非指示的療法時代（1940 年代）

指示的（分析的色彩を帯びた）療法時代（1930 年代）を経て、クライエントの問題や生育史を分析し、原因と処方を指示しようとする従来のやり方を批判し、クライエントの中に存在する成長への力を信頼し、非指示的・受容的に見守る新たな方法が提示されました。

ロジャーズの非指示的療法時代には次の4つのカウンセリングの技法が有名です。

①簡単受容（simple acceptance）（単に受容と言うこともある）「はい」「ええ」「うん」など

②内容の再陳述（restatement of content）―クライエントの事柄の繰り返し

③感情の反射（reflection of feeling）―クライエントが話した内容を繰り返す

④感情の明確化（clarification of feeling）―クライエントが言い切れていない感情を受け止めて繰り返す

（2）　来談者中心療法時代（1950 年代）

非指示的な技法よりもカウンセラーの人間的な態度を重視しました。また、パーソナリティ理論としての自己理論の提示により、理論的なバックボーンが整理され、数多くの臨床例に基づく実証研究を遂行しました。

（3）　来談者中心療法の深まり・実存化の時代（1960 年代）

カウンセラーの真実性・純粋性を重視し、非指示的・感情反射的な技法からの脱皮が一層進む時期です。カウンセラー（セラピスト）の自己一致・純粋性がより重視されるようになり、実存的な立場への接近が顕著になります。

さらに、ジェンドリン（Gendlin, E.T. 1926 ～ 2017）によって体験過程（experiencing）の理論が提示されます。非指示的な技法や原則から離れて、体験過程を推進するようになります。

（4）　来談者中心療法からパーソン・センタード・アプローチ（Person-Centered Approach：人間中心のアプローチ）時代（1970 年～ 1980 年代）

エンカウンター・グループ（encounter group）の実践、民族間葛藤や平和問

題等の社会問題へのアプローチが展開されます[8]。

一方、ジェンドリンはフォーカシング（focusing）を開発、展開します。体験過程療法の動向がより鮮明なものになっていきました。

(5) 近年の動向（1990 ～ 2000 年代）

ロジャーズの没後、世界各地で多様な動向が展開されています。

その主なものには、ジェンドリンらのフォーカシング指向心理療法、ヨーロッパを中心としたパーソン・センタード・セラピー（Person-Centered Therapy）とパーソン・センタード精神病理学、シカゴにおけるプラウティ（Prouty, G.）のプリセラピーやワーナー（Warner, M.）の共感的体験療法、カナダのグリーンバーグ（Greenberg, L.）による感情焦点化療法等があります。

以上が、来談者中心療法の展開の過程をまとめたものです。

現在、世界的にはパーソン・センタード・セラピーという名称が使われることが多いですが、その意味や理由として、以下のことが挙げられます[9]。

先ず、その一つには晩年のロジャーズが個人療法の狭い枠を超えて、このアプローチを発展させようと意図したことがあります。

いわゆるクライエントという言葉でとらえられない人たちにもこのアプローチが有益であることを指し示すために、「パーソン」という言葉が使われるようになったのです。援助する側もされる側も人（パーソン）であって、そこには本質的な違いはないというのがパーソン・センタードの理念です。

もう一つの意味として、困難な問題や重篤な障害などを抱える人たちへも援助が拡大されてきた、ということがあります。自発的な来談者としてのクライエントだけでなく、多様な困難やニーズを持った人々（医療機関の患者や福祉サービスを受ける利用者など）にもパーソン・センタード・セラピーの実践が試みられています。

なお、最近、パーソン・センタード・セラピーは、実証研究の蓄積において認知行動療法（Cognitive Behavior Therapy）にリードされている[10]面もあり

---

8) このエンカウンター・グループを用いてアイルランド紛争や南アフリカのアパルトヘイト問題の解消に対する試みを行うなど様々な社会問題への展開が行われた。
9) 末武康弘「来談者中心療法」産業カウンセリング 270 号 26 頁（2010 年）。

ますが、質的研究方法などの方法論が発展しつつある現在、パーソン・センタード・セラピーの実証研究には新たな展望が開かれている [11] と言えます。

3. ロジャーズのパーソナリティ変容条件

ロジャーズによれば、人間は成長、健康、適応に向かう衝動を持っており、人間は「自己実現に向かう有機体」であると考えます。ロジャーズは一人ひとりの認知する主観的な世界を尊重し、有機体としての現実の経験を大切にしました。そして現実の経験と自己概念とが不一致な状態にあるのがクライエントの状況であると言うのです。

カウンセラーはクライエントの心理的な自己不一致を解消するために援助するのですが、自己概念を変えるにはクライエントにとって安全な心理環境が整えられなければならないと言います。そのためには、カウンセラーの態度が決定的に重要であると言うのです。

ロジャーズは多くの臨床例に基づいて実証的に研究し、カウンセラーの態度条件として次の3つが重要であると力説しています。

(1) 自己一致 (self-congruence)

自己一致とは、行動と発言が一致し、考え方に矛盾や混乱がなく、心が統一された状態を意味します。心に雑念がなく純粋な心理状態にあることを意味しています。

つまり、カウンセラーは何よりも自分に忠実でなければならず、心に感じたことと口に出す言葉にズレがあってはいけないということです。別の言い方をすると、カウンセラーが純粋な (genuine) 心境になるということです。

---

10) パーソン・センタード・セラピーは世界的に、特に欧米では認知行動療法に押され，心理療法の業界で脇に追いやられている（中田行重「パーソン・センタード・セラピーの現状と効果研究について―海外の状況から考える―」関西大学心理臨床センター紀要10巻75頁（2019年））。

11) たとえば、パーソン・センタードのセラピスト、クーパー（Cooper, M）は、多元的（pluralistic）アプローチ（クライエントの複雑で多様な側面やニーズに応えていくカウンセリングや心理療法）を唱え、一人ひとりの複雑かつ個性的なあり様に対応するセラピーの新規軸を打ち出そうとしている（末武・前掲注9）27頁）。

カウンセラーが率直で透明な心でクライエントに接するとき、クライエントも心を開き、２人の間に信頼関係が作られるというのです。

(2) 無条件の肯定的配慮 (unconditional positive regards)

これは、カウンセラーがクライエントの年齢、性別、職業などを問わず、また相談の内容の如何を問わず、クライエントに受容的、許容的態度で接し、相談内容を理解し、クライエントに対して温かい心配りをするということです。つまり、全くの無条件の受容なのです。無条件ということは、クライエントが苦しんだり、悩んだり、乱れたりしている状態、アンバランスで統一のない行動に対しても、これを決して評価せずに全て受け入れるということです。無条件の受容的態度の奥には、クライエントを一人の人間として尊重するという人間観が見られるのです。

このようなカウンセラーの純粋な無条件の人間的関心に包まれて、クライエントは自由に感じたいように感じ、恐れたいことを恐れることが可能になります[12]。

ただし、無条件の肯定的配慮とは、クライエントのあらゆる行為や要求などを価値的・道徳的に正しいものであると認め、評価することではありません。場合によっては、クライエントの行為や要求の危険な側面と対峙しなければならないこともあります。このことは無条件の肯定的配慮と矛盾するものではなく、クライエントを一人の人間として深く尊重するがゆえに、本心からの対峙が可能になるのです[13]。

つまり、ここで言う肯定的配慮や受容的、許容的態度を示すこととクライエントの発言内容に全部同意することとは別なことであり、カウンセラーはクライエントの考え方を受容的・許容的に聴取することが大切ということです[14]。

---

12) 古今堂雪雄『新・あるカウンセラーのノート』72頁（関西カウンセリングセンター、1994年）。
13) 日本産業カウンセラー協会編『産業カウンセリング 産業カウンセラー養成講座テキスト１』（改訂７版）37頁（2018年）〔末武康弘筆〕。

(3)　共感的理解（empathic understanding）

人間理解は、一般的には外側からの観察によってなされるが、カウンセラーはクライエントの内側から、クライエントの内的世界に共感する心で理解することが大切です。

ロジャーズは共感的理解を「クライエントの私的な世界をあたかも自分自身のものであるかのように感じ取り、しかもこの"あたかも…のように"（"as if"）という性質を失わないこと」と定義しました。つまり、クライエントについて理解するのではなく、クライエントと"と・も・に"理解するという姿勢を言うのです。

なお、原語がシンパシー（sympathy：同情）ではなくエンパシー（empathy：共感、感情移入）であることには注意が必要です[15]。共感的理解において重要な点は、それがクライエントへの同情や同一視に陥らない、ということです。

カウンセラーがクライエントを共感的に理解するためには、クライエントの発言を熱心に聴取し、その発言の要旨を繰り返します。このことはカウンセラーのクライエントに対する共感的理解を促進するとともに、クライエントが共感的に理解されているという感情を増進することにもなります。

以上挙げた3つの条件は、来談者中心療法の中核条件（core conditions）とも言われ、どれも簡単なものではありませんがロジャーズはこうした態度をカウンセラーが自らのものにする程度に応じて、クライエントの中に成長、変化が起こってくると言います。

さらにロジャーズはこれに付け加えて、カウンセラーとクライエントの間のコミュニケーションを重要な条件に入れています。つまり、カウンセラー側の理解と受容がクライエントに伝えられて、そこに真に援助的な人間関係が作られるということです。そのためには、カウンセラーの態度として、十分にクライエントを理解したということを伝達する必要があります。

---

14)　杉渓一言ほか編著『産業カウンセリング入門』81 頁（日本文化科学社、1995 年）〔中澤次郎筆〕。

15)　國分編・前掲注1）132 頁〔末武康弘筆〕。

5 ゲシュタルト療法（Gestalt Therapy）とは

Q ゲシュタルト療法とはどういうことですか。

A パールズが提唱した心理療法です。

1．ゲシュタルト療法とは

これは、ドイツ出身で後にアメリカで活躍した精神分析医、パールズによって唱えられた心理療法です [16]。

ゲシュタルト（Gestalt）とは"全体"とか"形態"という意味を持つドイツ語です。この言葉の中には、「全体は部分の総和以上のものである」というゲシュタルト心理学の考え方が込められています。

創始者パールズは、ベルリンで生まれ、第一次世界大戦後、ドイツで医師の養成過程を経て、精神分析者となりました。そしてフランクフルト神経学研究所のゴールドスタイン（Goldstein, K.）教授の下で働き、そこで初めてゲシュタルト心理学に出会いました。

その後、オーストリアの精神分析学者、ライヒ（Reich、W. 1897 ～ 1957）の理論と実践を学び、性格分析の概念とそのテクニックの一部を自分の療法の中に取り入れました。フロイトの流れを汲む分析者として、精神科医の職業を始め、後にトレーニング分析者となりました。このような背景があるので、ゲシュタルト療法には多くの重要な分析的影響が見られます。

また、パールズはロジャーズのフィードバックの考えを広げて、姿勢・声の調子・目の動き・ゼスチャーなどを療法に取り入れました。

なおパールズは、1962 年には世界旅行に出て、途中来日し、東京と京都を訪れており、特に京都では大徳寺に参禅したりして、東洋思想にも関心を持ったと言われています [17]。

---

16) ゲシュタルト療法については、杉渓一言ほか編著『産業カウンセリング入門』（改訂版）66 ～ 68 頁（日本文化科学社、2007 年）〔杉渓筆〕等を基に作成。

17) ja.wikipedia.org/wiki/ フレデリック・パールズ参照。

2. ゲシュタルト療法の特徴

　ゲシュタルト療法の理論は「図」（figure）と「地」（ground）という概念で説明されます。

　[図表2-3] は「ルビンの盃（さかずき）」と言われる有名な図ですが、白い部分を盃と見ると、盃が「図」であり、背景の黒い部分は「地」となります。しかし、黒い部分は人の横顔が両方から向き合っているとも見え、その場合、横顔が「図」であり、白い盃だった部分は「地」となります。

　このように、図と地とが反転して見えるのは、人間は部分をとらえようとするだけではなく、背景としての「地」も含めた全体の認知の中で部分をとらえようとするからであって、その受け取り方は、その人の経験などにより異なることを表しています。

　「ルビンの盃」を見た２人のうち、１人が「ここになみなみと酒をつぎたい」と言い、もう１人が、「これからキッスするのかな」と言ったとすれば、２人の会話は全く通じません。どちらかが正しいとしたら、他方が間違っていることになってしまうわけですが、この場合には、どちらも間違っていないわけです。クライエントの悩みというのも、このようにして作られているのかもしれません。

[図表2-3] ルビンの盃（Rubin's goblet）

したがって、カウンセリングの目標は、自己の世界の確認と柔軟性の養成に向けられます。クライエントが顔だといっているのに、カウンセラーが盃しか見えないのでは話が通じません。「この人は、このような事実を把握しているのだな」ということをカウンセラーが理解できることが大切です。

　また、ゲシュタルト療法の特色は、「今、ここ」に生きる自分に「気づく」体験を重視することです。人間は、「今、ここ」に生きる自分を実感するとき、自分に責任を持って生きることができます。それがその人らしく生きる道であるというのです。

　これは東洋でいう「即今即所」あるいは「一期一会」と同じような意味をもつものです[18]。

　また、ゲシュタルト療法で用いられる技法にエンプティチェア（empty chair：空の椅子）があります。これは椅子を2脚用意し、クライエントの中の葛藤を別々の自分に見立てて対話をさせる方法です。1つに自分がこしかけ、もう1つには、取り上げてみたい人物を想像で座らせます。

　過去の重要な出来事にからまる人、上司、父、母、教師など、その人に向かって、自分が今切実に表現したいことを率直に言います。途中で立場を変え、今度は自分が上司や母になって向かい側に座っている“自分”に語りかけ、これを繰り返します。過去の重要な出来事にまつわる感情を「今、ここ」で十分味わい体験し、その中で当時、気づかなかった意味への気づき、発見が起こります。

　こうして、「今、ここ」での体験を通して本当の自分に気づくことが、ゲシュタルト療法のねらいと言えます。

3．わが国のゲシュタルト療法の研究、ワークショップ

　現在、わが国でもゲシュタルト療法の研究（学会）、ワークショップ、知識の普及・啓発とその推進・支援などが行われています。

　わが国の例としては、日本ゲシュタルト療法学会（JAGT：Japanese Association of Gestalt Therapy）[19]、日本臨床ゲシュタルト療法学会（JCGA: The Japanese Clinical

---

18）　國分編・前掲注1）151頁〔六角浩造筆〕。
19）　ホームページ：http://www.ja-gestalt.org/

Gestalt Therapy Association）[20]、ゲシュタルト・インスティテュート（GI）[21]、
NPO ゲシュタルトネットワークジャパン（GNJ）[22] などがあります。

---

20)　ホームページ：http://www.clinicalgestalt.gr.jp/
21)　ホームページ：http://www.gestalt.co.jp/
22)　ホームページ：http://www.gestaltnet.jp/

6 　論理療法（Rational-emotive Therapy）とは

> **Q** 論理療法とはどういうことですか。
>
> **A** アメリカの臨床心理学者エリスが提唱した心理療法です。

1. 論理療法とは

　これは、1955 年頃からアメリカの心理学者、エリスにより提唱された心理療法で、論理情動療法、理性感情療法、合理情動療法などの訳語もあります。また略して RET とも言います[23]。認知行動療法の代表のひとつです。

　この療法の特色は、カウンセラーがクライエントの考え方を説得し変えさせようとするもので、ロジャーズのカウンセリングとは趣を異にしています。

　論理療法の焦点は、問題の受けとめ方・考え方（ビリーフ：belief）を変えると、悩みは消えるというのです[24]。それゆえ、「どうすれば、ビリーフが変わるかを工夫すればよいのだ」ということを論理療法では考えるのです。

　また、論理療法では、洞察だけにとどまらず、実際に行動を起こさせ、体験を通してビリーフを変えさせます。

2. ABCDE 理論

　論理療法の骨子はビリーフの点検と修正にあります。つまり、ビリーフを変えると問題は解き易くなるのです。感情も行動も、もとを正せばビリーフに由来しているのでビリーフを変えれば、感情も行動も変わるということです。心の中の非論理的（イラショナル）な文章記述を論理的（ラショナル）な文章記述に変えるのです。

　イラショナル・ビリーフ（irrational belief）とは、人を不幸にするビリーフ、ラショナル・ビリーフ（rational belief）とは、人を幸福にするビリーフと言えます。出来事そのものが悩みを生むのではなく、出来事をどう受けとめるか、

---

23) 論理療法は、論理情動性行動療法（Rational-emotive Behavior Therapy：REBT）を略したものとして説明されていることもある（杉渓ほか編著・前掲注 16)68 頁〔杉渓筆〕）。
24) 國分編・前掲注 1) 590 頁〔國分筆〕。

その受けとめ方により悩みは決まるということで ABCDE 理論があります。

　たとえば、仕事に失敗して上司から叱られ自信を失っている社員がいるとします。その社員は仕事に失敗したという出来事（activating events：A）によって、自分はダメ人間だという悩み（結果）（consequence：C）を持ったというわけです。

　しかし、仕事に失敗しても悩まないでやっている人もいるわけですから、このクライエントの場合は、「仕事に失敗すべきではない（成功しなければならない）」という信念（beliefs：B）があって、それがその社員の悩みを生み出していると見るのです。

　つまり「出来事 A」がただちに「悩み C」を起こすのではなく、その間に「思い込み B」が介在していると考えるのです。したがって、カウンセラーは、クライエントの非合理的な思い込み（イラショナル・ビリーフ）を合理的で適切なもの（ラショナル・ビリーフ）に変えるようにクライエントに「反論（dispute：D）」を加えるのです [25]。それが成功すると行動が変容します。これが効果（effect：E）の現れる段階です。これを ABCDE 理論と言います。

[図表 2-4] 論理療法の ABCDE 治療モデル

出所：日本産業カウンセラー協会編『初級産業カウンセラー養成講座テキスト』（1998 年）、そのほかを基に作成。

---

25)　杉渓ほか編著・前掲注 16) 68 〜 69 頁〔杉渓筆〕。

7 行動療法 (Behavior Therapy) とは

Q 行動療法とはどういうことですか。

A クライエントの行動の変容を目的とした心理療法です。

1. 行動療法とは

　これは、1900年代初頭から様々な研究者が実験し観察した理論や法則が臨床に応用され体系化された技法の集約です。1960年、イギリスの臨床心理学者、アイゼンク (Eysenck, H.J. 1916 ~ 1997) がそれまでの歴史的文献も加えた編著『行動療法と神経症』を出してからその名称が統一した治療概念となりました。

　行動療法の特色は、心理学の基礎理論である学習理論に基づいていることです。学習理論の考え方では、人間の行動は後天的な学習によって獲得されたものとみます。神経症の症状も、不適応行動もすべて学習の結果と考えます。したがって、カウンセリングでは、クライエントの「誤った学習」を「正しい学習」に切り替える訓練を行うことによって、問題となる行動を解消しようとするわけです[26]。

2. 行動療法で適用される学習理論

(1) **古典的条件づけ** (classical conditioning)、**レスポンデント条件づけ** (respondent conditioning)

　ロシアの生理学者、パブロフ (Pavlov, I. P. 1849 ~ 1936) の条件反射説[27]をもとに発展したのが、古典的条件づけで、レスポンデント条件づけとも言い、情動を扱います。対人不安などの神経症の治療に用いられます。その代表的な

---

26) 杉渓ほか編著・前掲注14) 52頁〔杉渓筆〕。

27) パブロフは犬を用い、ベルの音をさせた後に食事を与えることを短時間間隔で繰り返したところ、ベルの音のみでも唾液分泌があることを見出している。元来はないベルの音が唾液分泌に結びつきができたのである。食物をとることにより唾液が出ることを無条件反射、食物を無条件刺激と言い、これに対し音に対して生じた唾液分泌を条件反射、刺激である音を条件刺激と言い、本来なかった条件刺激を無条件刺激と結び付け，条件反射を起こさせることを条件づけと言う（國分編・前掲注1) 192頁〔手島茂樹筆〕）。

ものは系統的脱感作法（systematic desensitization）[28]と呼ばれるものです。系統的とは「順を追って」「段階的に」という意味であり、脱感作法とは「敏感でなくなる」という意味です。

これは「人間に不安が生じているときに、その不安を打ち消すような快刺激を与え続けると、前の不安を弱めるか、なくすことができる」という原理（逆制止反応）にもとづいています。

たとえば、高所恐怖症の人に対して系統的脱感作法を用いて治療をする場合[29]を想定してみましょう。高所（刺激）が怖い（反応）のですから、高所という刺激と同時に快感を催すような刺激を与えると、恐怖という反応が快という反応に変わるのではないかという理屈です。快を催す刺激を恐怖の刺激（高所）にぶつけて、その効力を打ち消すわけです。快を催す刺激として現在用いられているのは自律訓練法です。これは身体をリラックスさせて感情をリラックスさせる方法です。つまり、恐怖・緊張を鎮める方法です。

さて、高所恐怖症の人は屋上よりは3階、3階より1階の方が怖くありません。そこで恐怖がいちばん低い1階から順繰りに恐怖を「感じなくさせる」（脱感する）のです。まず自律訓練（刺激）をして心身共に落ち着いた状態（反応）にしておいてから、自分が1階（刺激）に立っているイメージを持ちます。楽な気持ちで（恐怖なしに、つまり脱感）1階に立っているイメージの中で味わいます。これができるようになったら、今度は実際にデパートの1階に立ってみます。これが平気であれば2階に立ってイメージの中で自律訓練します。イメージの中で平気になればまた、実際に2階に立って、平気な自分を味わいます。こんな具合にして、やがては屋上にも平気で立てるようにするのです。

（2）　オペラント条件づけ（operant conditioning）

これは報酬を与えて行動を強化することによって学習効果を上げようとするもので、子どものしつけや、不登校のケースの治療などに用いられます[30]。

---

28)　系統的脱感作法は、行動療法の一技法で、創始者は、南アフリカで戦争神経症の治療を行っていた精神科医、ウォルピ（Wolpe, J. 1915〜1997）である。

29)　國分康孝『カウンセリングの理論』120〜121頁（誠信書房、1995年）。

30)　杉渓ほか編著・前掲注14）52〜53頁〔杉渓筆〕。

オペラント条件づけは、アメリカの心理学者、ソーンダイクの試行錯誤説[31]から引き継がれた理論で、道具的条件づけ法とも呼ばれ、アメリカの心理学者で提唱者スキナー（Skinner, B.F. 1904～1990）はネズミを使った実験を行いました。

　ネズミを入れた箱内にレバーがあり、そのレバーを押すと餌がでてくる仕組みの箱（スキナー箱）を用意します。ネズミは、偶然レバーに手が触れて餌が出てくるという経験を繰り返すことで、「レバーを押す」という動作と「餌」が結びつき、ネズミが自発的にレバーを押す頻度が高まります。

　このように、自発的な行動に対して報酬を与えて強化する条件づけをオペラント条件づけ、あるいは道具的条件づけと言います。古典的条件づけ（レスポンデント条件づけ）は餌を見て唾液がでるというような反射的な反応に対して行われるものであったのに対し、オペラント条件づけ（道具的条件づけ）では、自発的に行われた行為に対して条件づけを行うのが特徴です。

　なお、「レバーを押す」と「餌」（報酬）を与えるのは正の強化、「レバーを押す」と「電気ショックを回避できる」（罰の回避）というような場合は負の強化と言います。

　以上の行動療法の２つの方法の違いについてまとめると［図表2-5］のとおりです。行動療法は長い間動物実験に対する学習理論（theory of learning）として用いられてきましたが、その後学習理論が人間の心理的治療法として役立つことが確立されると行動療法の研究は飛躍的に進歩しました。

　行動療法は、心理学の理論に裏付けられた方法によって行われるので、技法としての安定性があり、神経症、心身症、言語障害、不登校、対人不安、引込

31）　ソーンダイクは、飢えたネコをオリの中に入れておき、オリの中のペダルを踏むと、外に出られるような装置をつくっておいた。最初はオリから出ようとして、オリの中を走り回っているが、そのうちに偶然ペダルの上に足をのせると扉があいて首尾よく外に出ることができる。さらに実験回数が増えてくると、オリの中に入れられたとたんにペダルのところに行き、踏んですぐに出てくるようになったと言う。ネコは外に出る条件を学習したわけである。
　このように試行錯誤を通して学習が成立するということから、ソーンダイクは試行錯誤説を提唱した。こうして、ソーンダイクは、学習に準備の法則、練習の法則、効果の法則を導いている（國分編・前掲注１）621頁〔手島筆〕）。

思案、自閉症などのカウンセリングに幅広く用いられています。

[図表 2-5] 古典的条件づけ（レスポンデント条件づけ）とオペラント条件づけの比較

古典的条件づけ（レスポンデント条件づけ）	オペラント条件づけ
①刺激（S:stimulus）→反応（R:response）	①反応（R:response）→刺激（S:stimulus）
②近接の法則 　できるだけ刺激と反応をさせたいものの時間を近づけると効果が出る	②強化の法則 　いろいろな行動の中で強化因子と結びついた行動が強化される
③感情を刺激する	③問題解決学習に使える
④自律神経系の組織と反応	④中枢神経系の組織と反応
⑤逆条件づけで用いられる	⑤強化、罰、消去などでよく用いられる

出所：日本産業カウンセラー協会編『初級産業カウンセラー養成講座テキスト』1998年）、日本産業カウンセラー協会編『産業カウンセリング 産業カウンセラー養成講座テキスト1』（改訂7版）（2018年）等を基に作成。

8 認知行動療法（Cognitive Behavior Therapy）とは

Q 認知行動療法とはどういうことですか。

A 認知（物のとらえ方、考え方）と行動を変化させることにより、様々な問題ごとや困難、症状を改善していく技法です。

1. 認知行動療法とは

これは、人間の行動や情動に関わる問題に加え、認知に関わる問題をも治療の標的とする治療アプローチの総称です。行動が、認知、情動、生理の各側面と相互に影響を与え合うことを前提とし、各側面に多面的に働きかけることで、変容を起こし、治療効果を引き出します[32]。

認知とは、ものの受け取り方や考え方という意味です。

認知行動療法では、自動思考と呼ばれる、気持ちが大きく動揺したりつらくなったりした時に患者の頭に浮かんでいた考えに目を向けて、それがどの程度、現実と食い違っているかを検証し、思考のバランスをとっていきます。それによって問題解決を助けていくのですが、こうした作業が効果を上げるためには、面接場面はもちろん、ホームワークを用いて日常生活のなかで行うことが不可欠です[33]。

2. 認知行動療法の特徴

認知行動療法は、学習理論などにおける心理学の成果を応用としており、エビデンス（実証性）を基盤としています。すなわち、これまでに治療効果が実証されている様々な行動的技法と認知的技法を効果的に組み合わせた治療パッケージが用いられます[34]。

認知理論による心理療法や精神療法としてはアメリカの精神科医、ベック

---

32) 日本産業カウンセリング学会監修『産業カウンセリング辞典』313頁（金子書房、2008年）〔沢宮容子筆〕。

33) 認知行動療法センターのホームページ：http://www.ncnp.go.jp/cbt/

34) 日本産業カウンセリング学会監修・前掲注 32）313頁。

（Beck, A.T. 1921 ～）による認知療法があり、認知行動理論による心理療法としてはアメリカの心理学者、マイケンバウム（Meichenbaum, D. 1940 ～）の認知行動療法[35]があります。

しかし、認知行動理論については、これとは別に認知理論と行動理論とを統合した理論による心理療法として、エリスの論理療法や認知療法（この療法の中には行動療法の技法も併用されている）などの総合的心理療法を意味する考え方もあります。このように認知行動療法には2つの考え方があるのが特徴です[36]。

3. わが国の認知行動療法の研究、ワークショップ

現在、わが国でも認知行動療法の研究（学会）、ワークショップ，知識の普及・啓発とその推進・支援などが行われています。

わが国の例としては、日本認知・行動療法学会（旧、日本行動療法学会）（JABCT: Japanese Association of Behavioral and Cognitive Therapies）[37]、日本認知療法・認知行動療法学会（旧、日本認知療法学会）（JACT: Japanese Association for Cognitive Therapy）[38]、認知行動療法研修開発センター（CBTT：Center for the Development of Cognitive Behavior Therapy Training）[39]、認知行動療法センター（CBTセンター：Natural Center for Cognitive Behavior Therapy and Research）[40]などがあります。

---

35)　認知行動療法の技法の主なものとして、マイケンバウムが考案した自己教示訓練（self-instructional training）がある。これは、言葉による行動調節機能を取り込み、クライエントが自分自身に適切な教示を与えることによって適切行動の獲得と遂行を容易にすることを狙った治療法である。自己教示訓練では、自己との対話を変容させ、「たとえば、試験ができなかったのは事実だが、それは自分が無能であったからではない」という図式に変えていく（クライエントが自らの否定的で非合理な思考の認識を改め、適応的で問題解決的な自己との対話を行う）ことを可能にする。軽度のうつ病、慢性の怒り、試験恐怖などに有効である（國分編・前掲注1）438 頁〔茨木俊夫＝長谷川啓三筆〕）。

36)　これらの理論は、来談者の認知の変化を重視するものである。認知の変化はパーソナリティ（人格）の変容に結び付くものであるので、パーソナリティの変容を目指すカウンセリングにとって、これらの理論は重要なものである（杉渓ほか編著・前掲注14) 88 頁〔中澤筆〕）。

37)　2014 年4月に日本行動療法学会が日本認知・行動療法学会へ改称された。
　　ホームページ：http://www.jabt.umin.ne.jp/

・・・

　考えれば考えるほど不案になったり、心配になるとさらに心配なことが浮かぶことがある。こうしたときには、頭の中だけで考えを切りかえようとしてもほとんど効果はない。

　不安な状況に実際に足を踏み入れて、自分が心配していることが事実かどうか確認することしかないのである。「百聞は一見に如かず」^(注)のとおり、実際に行動してみると、最初に想像していたほどよくないことは起こらない。心配性の人ほど、危険を過大評価していることが多いからである。実際に行動すれば、むしろ、問題がないどころか、いくつも良い体験をすることができることが少なくない。

注：人から何度も聞くより、一度実際に自分の目で見るほうが確かであり、よくわかる
　　という意味である。
出所：大野裕「こころの健康学」（日本経済新聞（朝刊）2018年11月5日）を基に作成（著
　　者一部修正）。

・・・

38)　2016年1月に日本認知療法学会が日本認知療法・認知行動療法学会へ改称された。
　　　ホームページ：http://www.jact.umin.jp/
39)　ホームページ：http://www. cbtt.jp/
40)　ホームページ：http://www.ncnp.go.jp/cbt/

9 交流分析 (Transactional Analysis) とは

Q 交流分析とはどういうことですか。

A アメリカの精神科医バーンが創始した精神療法です。

1. 交流分析とは

　交流分析は「TA」とも略称され、わが国でも医療、教育、産業の各分野で広く活用されている自己分析の心理学です。交流分析は1950年代の半ばころからアメリカの精神科医バーンによって唱導され、わが国にも1970年代に入ってから導入されて今日に至っています。その理論体系は構造化されていて一般にもなじみやすく、精神分析の口語版とも言われています。

　交流分析の基本は「他人と過去はかえられない」という治療の原則があり、「今、ここ」での決断が重要視されます。

2. 交流分析の目的

　交流分析は精神分析の理論をもとに発展してきましたが、その単なる焼き直しではなく、現代人の人間理解に役立つ理論として注目を浴びています。対人関係やコミュニケーションの改善、組織開発などの手法として多くの企業で研修に用いられています。

　交流分析の"ねらい"とするところは、大きく3つあります。

　①自分への気づきを深めることにより、心身の自己コントロールを可能にすること

　②自律性を身につけることで自分の考え方、感じ方、さらには行動に責任を持つまで成長すること

　③人間関係を円滑にし、周囲の人と親密な心のふれあいができるようにすること、そして、自分自身に対する信頼感が増し、他人に対する理解が深まり、対人関係がより豊かなものになると、リーダーシップも向上してくるのです。

３．交流分析の哲学

交流分析の理論は、次のとおり人間、人生、その変化についてのある哲学的前提に基づいています[41]。

①「人は誰でも OK であり、誰もが考える力を持っている。」

人は誰でも人間としての価値があり、存在する意義があるのです。人は自分の生き方を決めることができ、その責任は自分自身にあります。

②「自分の運命は自分自身が決め、そしてその決定を変えることができる。」

人は他人や環境から強い影響を受けることはありますが、それに従うか否かは、常に自分自身の決断なのです。つまり、自分の感情と思考、そして行動に責任があるとともに、それを変えることも、常に可能なのです。

４．交流分析の５つの基本概念

交流分析の理論は、主に①構造分析、②交流パターン分析、③ゲーム分析、④脚本分析、⑤ストロークの５つの基本概念で構成されています[42]。

（1） 構造分析（三つの私）

１）自我状態とは

私たちは、自分の内部に３つの部分を備え、それにより人格が形成されています。これらを自我状態と言います。

バーンは、自我状態を「思考、感情、さらには、それらに関連した一連の行動様式を統合した、１つのシステム」と定義しています。

構造分析（自我状態の分析）は人間の思考、感情、行動の一貫した特徴をとらえて、「親（Parent：P）」「大人（Adult：A）」「子ども（Child：C）」の３つの自我状態として分析するのです[43]。

41）　日本交流分析協会編『現代の交流分析・基礎』（改訂版）２頁（2018 年）。

42）　本項は、主として、中村和子 = 杉田峰康『わかりやすい交流分析』３～17 頁、24 ～36 頁、88 ～96 頁（チーム医療、1994 年）を基に作成。

２）Ｐ親の自我状態

Ｐは、両親や、自分を育ててくれた養育者たちの考え方や、行動、感じ方を取りいれた部分です。Ｐには、懲罰と制限を加える部分と、人の世話をするような、養育的な働きがあります。

これらの二つの部分は、それぞれ①批判的な親（Critical Parent）、略してＣＰと、②保護的な親（Nurturing Parent）、略してＮＰと呼ばれます。

①　批判的なＰ（ＣＰ）…このＣＰは、主に批判、非難、叱責を行います。職場で"鬼軍曹"などと呼ばれているような人は、ＣＰの強すぎるタイプで、自分の考えを押しつけることが多く、規則で部下を厳しく管理しがちで、部下のやる気を削ぎ、上司の顔色をうかがう依頼心の強さを育ててしまいがちです。

　　ＣＰが働いている人の例を挙げれば以下のとおりです。

　　「申し送りを座ってするなんて、とんでもない。立ってすべきです。」

②　保護的なＰ（ＮＰ）…このＮＰは、子どもの成長を助けるような母親的な部分であり、同情的・保護的・養育的です。

　　ＮＰが強すぎると、子どもを甘やかしすぎたり、おせっかいをやきすぎるなど、子どもを過保護に育ててしまい、いつまでも親離れのできない子どもにしてしまいがちです。ひとりで仕事を抱え込んでしまう職場の上司は、このタイプに入るでしょう。

３）Ａ大人の自我状態

これは、私たちの中にあるコンピューターにたとえられる部分です。Ａの働きは事実中心に観察し、データを収集し、整理、統合することです。

馬鹿正直な人とか気の利かぬ人は、いずれもＡの低い人です。一方、人の顔色を見て行動する子どもは、Ａを発動していると言えます。

Ａの持つもう一つの大切な働きは、ＰやＣの持っている過去のデータが、

---

43)　さらに、P を批判的な Critical Parent（CP）と保護的な Nurturing Parent（NP）に分ける。また、C をもって生まれたままの自由な Free Child（FC）と「いい子ちゃん」のような順応した Adapted Child（AC）に分ける。A は分けないので合計 5 つの自我状態への心理的なエネルギーの割り振りなどを分析するのが構造分析である（日本産業カウンセリング学会監修・前掲注 32）30 頁〔末松弘行筆〕）。

「今、ここ」でのデータに照らし合わせて、適切かどうか判断することです。大人の自我状態Ⓐは、衝動的に反応しようとする⒫やⒸを抑えて、適切でないときにはコントロールできる力を持っているのです。

しかし、このⒶによる現実的な知恵には、二つの点で注意を要する問題があります。

一つは知性・理性万能的な思い込みによる、自然を無視する態度です。二つ目は、自己主張、自己表現への意欲が旺盛なあまり、他者との調和をおろそかにする傾向があることです。

この傾向が強まると、他者との調和がスムーズにいかなくなり、その結果、自分の利益と他人、社会の利益とをうまく両立させる努力がおろそかになってしまうことがあります。

4）Ⓒ子どもの自我状態

Ⓒは、私たちの子ども時代に、実際に感じたり、行動したりしたのと同じような感情や行動を示す状態です。それには、生来的なもののほかに、人生早期に親に対応するために身につけた反応様式なども含まれます。

このⒸは、相手が親のように振舞うときや、また、自分が依存的になったり、楽しい思いをしているときによく働くものです。

Ⓒは、生まれたときからずっと持っている、食欲、睡眠、遊び、セックス、創造の源となる好奇心、驚き、とらわれのない自由な発想などの自由なⒸ（Free Child：ＦＣ）と、親から影響を受けて、親やまわりの人の期待に沿うべく、様々な形で適応する順応したⒸ（Adapted Child：ＡＣ）の二つに分けられます。

ＦＣの働きは、強すぎると本能的・衝動的な行動をとることが多くなり、道徳を考えず、快楽を求め、不快や苦痛を避けようとします。

一方、ＡＣの働きは、対人関係における適切な対応の仕方などの、合理的にうまく生きていく方向へ進む面と、これとは逆に、ＦＣを犠牲にして、本来の感情を抑えてしまって「いい子」を演じたり、現実から逃げて、自分の殻に閉じこもったりする場合とがあります。最近よく耳にするのは、いわゆる "素直で、手のかからぬいい子" として育った人が、社会人になる過程で不適応を起こし、それまでとは打って変わって周囲をひどくてこずらせる、といっ

[図表2-6] 自我状態

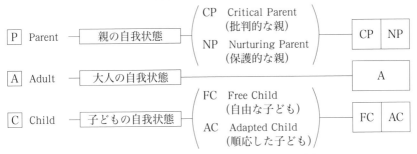

出所：中村和子＝杉田峰康『わかりやすい交流分析』（チーム医療、1994年）。

[図表2-7] 各自我状態の特色

P の性質

批判的な P ＝CP		保護的な P ＝NP	
理想	（避難・叱責）	思いやり	（過 保 護）
良心	（ 強 制 ）	慰め	（甘 やかし）
正義感	（ 偏 見 ）	共感・同情	（ 黙 認 ）
権威	（ 権 力 ）	保護	（おせっかい）
道徳的		寛容	

A の性質

知性	（科学への盲信）
理性	（自然無視）
うまく生きてゆくための適応手段	（自己中心性）
コンピュータ	（物質的万能主義）
情報収集	
事実に基づく判断	
冷静な計算	
現状の分析	
分析的思考	

C の性質

自由な C ＝ FC		順応した C ＝ AC	
天真爛漫	（衝動的）	がまん	（主体性の欠如）
自然随順	（わがまま）	感情の抑制	（消極的）
自由な感情表現	（傍若無人）	妥協	（自己束縛）
直観力	（無責任）	慎重	（敵意温存）
積極的		他人の期待に沿う	
創造の源		努力・いい子	

注：（　）内の言葉は、いずれもネガティブな表現である。
出所：中村＝杉田・前掲［図表2－6］ほか。

たケースで、こういう事件が増えているようです。

　自我状態の分析で、「今、ここ」で自分がどのような状態であるかの"気づき"が自分の態度発展や人間関係の向上にきわめて効果的であることがわかってきたのです。

　このように人間の心の中に、P（親の心）、A（大人の心）、C（子どもの心）の三つの自分が住んでいるのですが、この三つのうち、一つしか使わないときに不適応な状態が起こるのです。

　自分の内部に備えてある三つの傾向を表したそれぞれの自我状態は、以上のとおりです。そして、どの自我状態にもそれぞれに、プラスな部分とマイナスな部分があります。

　あなたの今の「自我状態」、これを「個性」と言ったり、「傾向」と言ったりもします。

　どんな「私」であっても OK なのです。大切なのは、「あなた自身が今の私（自我状態）をどのように捉えているか」ということです。

　　5）エゴグラム（Egogram）

　それぞれの自我状態の精神エネルギーを量的に見るために、グラフで表したものをエゴグラムと言います。バーンの弟子だったアメリカの精神科医デュセイ（Dusay, J. M. 1935 ～）が考案したものです。

　この分析方法は自己チェックで、その目的は、自己をより客観的に知り、自分でP、A、Cのバランス状態を見ていくところにあります。参考までにエゴグラム・チェックリストを［図表2-8］に挙げておきます。

　人により、それぞれ異なったグラフができますが、似た形になることもあります。また、このエゴグラムは、職場にいるときと、家庭にいるときの自分とは違うし、その日の気分によっても違った形を示します。

　しかし、全体に凹凸の少ない、バランスのとれた形であることにこしたことはありません。こういうエゴグラムを描ける人は、体も健康で、誰からも愛され、毎日を気分よく過ごせているはずです。一方、病気がちで、対人関係に問題があり、職場での評判も芳しくないなどといった悩みを持っている人のエゴグラムは、様々な形をしています。

　デュセイは、望ましいエゴグラムとしてベル型を挙げ、次に平ら型を挙げて

います［図表2-10］。しかし本質的には、各人がどんな人になりたいかという点が最も大切だ、と主体性と選択の重要性を強調しています。

［図表2-8］エゴグラム・チェックリスト

　以下の質問に、はい（○）、どちらともつかない（△）、いいえ（×）を記入してください。ただしできるだけ○か×で答えてください。

C P （ ） 点	1	あなたは、何事もきちっとしないと気がすまないほうですか。			
	2	人が間違ったことをしたとき、なかなか許しませんか。			
	3	自分を責任感の強い人間だと思いますか。			
	4	自分の考えをゆずらないで、最後までおし通しますか。			
	5	あなたは礼儀、作法についてやかましいしつけを受けましたか。			
	6	何事も、やりだしたら最後までやらないと気がすみませんか。			
	7	親から何か言われたら、その通りにしますか。			
	8	「ダメじゃないか」「…しなくてはいけない」という言い方をしますか。			
	9	あなたは時間やお金にルーズなことが嫌いですか。			
	10	あなたが親になったとき、子どもを厳しく育てると思いますか。			

N P （ ） 点	1	人から道を聞かれたら、親切に教えてあげますか。			
	2	友達や若い人をほめることがよくありますか。			
	3	他人の世話をするのが好きですか。			
	4	人の悪いところよりも、良いところを見るようにしますか。			
	5	がっかりしている人がいたら、慰めたり、元気づけてやりますか。			
	6	友だちに何か買ってやるのが好きですか。			
	7	助けを求められると、私に任せなさい、と引き受けますか。			
	8	誰かが失敗したとき、責めないで許してあげますか。			
	9	弟や妹、または年下の子をかわいがるほうですか。			
	10	食べ物や着る物のない人がいたら、助けてあげますか。			

A	1	あなたはいろいろな本をよく読むほうですか。			
	2	何かうまくいかなくても、あまりカッとなりませんか。			
	3	何か決めるとき、いろいろな人の意見を聞いて参考にしますか。			
	4	初めてのことをする場合、よく調べてからしますか。			
	5	何かする場合、自分にとって損か得かよく考えますか。			

	6	何か分らないことがあると、人に聞いたり、相談したりしますか。		
	7	体の調子の悪いとき、自重して無理しないようにしますか。		
	8	お父さんやお母さんと、冷静に、よく話し合いますか。		
点	9	勉強や仕事をテキパキと片付けていくほうですか。		
	10	迷信や占いなどは、絶対に信じないほうですか。		

	1	あなたは、おしゃれが好きなほうですか。		
	2	皆とさわいだり、はしゃいだりするのが好きですか。		
F	3	「わあ」「すごい」「かっこいい！」などの感嘆詞をよく使いますか。		
C	4	あなたは言いたいことを遠慮なく言うことができますか。		
	5	うれしい時や悲しい時に、顔や動作に自由に表すことができますか。		
	6	欲しい物は、手に入れないと気がすまないほうですか。		
点	7	異性の友人に自由に話しかけることができますか。		
	8	人に冗談を言ったり、からかったりするのが好きですか。		
	9	絵を書いたり、歌をうたったりするのが好きですか。		
	10	あなたはイヤなことを、イヤと言いますか。		

	1	あなたは人の顔色を見て、行動をとるようなくせがありますか。		
	2	イヤなことをイヤと言わずに、おさえてしまうことが多いですか。		
A	3	あなたは劣等感が強いほうですか。		
C	4	何か頼まれると、すぐやらないで引き伸ばすくせがありますか。		
	5	いつも無理をして、人からよく思われようと努めていますか。		
	6	本当の自分の考えよりも、親や人の言うことに影響されやすいほうですか。		
点	7	悲しみやゆううつな気持になることがよくありますか。		
	8	あなたは遠慮がちで消極的なほうですか。		
	9	親の機嫌をとるような面がありますか。		
	10	内心では不満だが、表面では満足しているように振舞いますか。		

	CP	NP	A	FC	AC
20					
18					
16					
14					
12					
10					
8					
6					
4					
2					
0					

　　年　　　月　　　日　施行　　　○2点　　　△1点　　　×0点

出所：中村＝杉田・前掲［図表2－6］。

　なお、エゴグラムでは、高い自我状態を下げるよりも、低いところを上げる方が、容易で効果的とされています[44]。

　自我状態を上げる具体的な方法を **［図表2-11］** に示すこととします。

（2）　交流パターン分析

　私たちの社会生活は、人と人との交わり（交流）から成り立っています。交流は、刺激と反応（対話と体話）の連鎖ですから、刺激の出し方や反応の仕方でうまくいったり、いかなかったりします。

　交流パターン分析は、P・A・Cの自我状態と対人的コミュニケーションを組み合わせ、交流のパターンを分析するもので、対話分析、やりとり分析とも言います。

　交流パターンは、相補的交流、交差的交流、裏面的交流の三つに分けられます。

　1）　相補的交流（適応的交流）

　これは、ある自我状態から送られたメッセージに対して、予想どおりの反応が戻ってくるもので、刺激と反応のやりとりが平行している交流を言います。

---

44)　中村和子＝杉田峰康『わかりやすい交流分析』15頁（チーム医療、1994年）。

[図表 2-9] エゴグラムの基本パターン・チェックリスト

CP優位タイプ

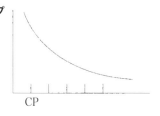

①理想が高く独善的
②頑固で懲罰的
③他者否定的
　（他人はOKでない）

NP優位タイプ

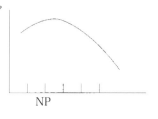

①気がやさしく共感的
②世話好き
③他者肯定的
　（他人はOKである）

A優位タイプ

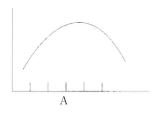

①頭脳明晰で論理的
②合理的でクール
③局外中立的

FC優位タイプ

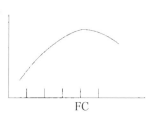

①遊び好きの行動派
②自発的で創造的
③自己肯定的
　（私はOKである）

AC優位タイプ

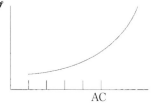

①甘えん坊で依存的
②他者順応
　（自分がない）
③自己否定的
　（私はOKでない）

出所：池上岩男『イヤな自分は変えられる』（こう書房、1992 年）。

[図表 2-10] デュセイによる望ましいエゴグラム

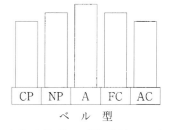

ベ　ル　型

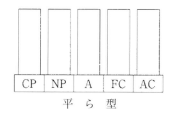

平　ら　型

出所：中村＝杉田・前掲［図表2－6］。

[図表 2-11] 自我状態を上げる具体的な方法

CP を上げる言葉	CP を上げる態度
① 「私はこう思う」など、自分の考えや批判を述べる練習をする。 ② 「決めたことは、きちっとやろう。」	① 時間や金銭にやかましくなる。 ② 部下や子どもの間違いを、つとめてその場で叱るようにする。

NP を上げる言葉	NP を上げる態度
① 「やってもらって助かったよ、有難う。」 ② 「～のような気持なのね。」	① 美しい、好ましい点をほめる。 ② 機会をとらえて、小さな贈り物をする。

A を上げる言葉	A を上げる態度
① 感情が高まっている時「少し考えさせてください」と間をとる。 ② 「～ということですか？」と話しの内容を確かめる。	① 物事を分析し、そこに何らかのルールやパターンがないかを調べる。 ② 言いたいこと、したいことを文章にする。

FC を上げる言葉	FC を上げる態度
① 「それはおもしろそうね。」 ② 「楽しみましょう。」	① 短い空想を楽しむ。 ② 芸術や娯楽を楽しむ。

AC を上げる言葉	AC を上げる態度
① 「はい、わかりました。」 ② 「ごめんなさい。」	③ 素直に人の言うことを聞く。 ④ うなづく・あいづちをうつ。

出所：中村＝杉田・前掲［図表2－6］を基に作成（著者一部修正）。

[図表 2-12] 刺激と反応の連鎖

(注) 刺激は反応を呼ぶが、反応は所を変えれば、刺激となる。
出所：中村＝杉田［図表 2 − 6］を基に作成（著者一部修正）。

ここでは、言語的なメッセージと、表情、態度などの非言語的なメッセージが一致しています。

やりとりが平行のときは、その話題についての会話が果てしなく続くことがあります。

下図は、大人 Ⓐ と大人 Ⓐ の相補的なやりとり（質疑応答）の例です。

[図表 2-13] 相補的交流の例

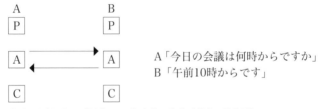

A「今日の会議は何時からですか」
B「午前10時からです」

出所：中村＝杉田［図表 2 − 6］を基に作成（著者一部修正）。

2）交差的交流

これは、人がある反応を期待して始めた交流に対して、予想外の反応が返ってくる場合を言います。そこでは、コミュニケーションが途絶えて、メッセージを送った人は無視されたような気持になります。このように、お互いの気持ちが違ったためにクロスしている、あるいはすれ違っている状態になることを交差と言います。

交差的交流は、いろいろな人間関係の中で苦痛の源となるものです。

［図表 2 − 14］の例は、2 人の交流がずれた場合です。情報を提供しようとしたこちらのⒶからの発信に対して、相手は批判的にⓅからこちらの側の判

【図表2-14】交差的交流の例

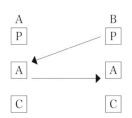

A「おなかが空きましたね」
B「とんでもない。こんなに忙しいのに、食事なんて
　いけませんよ」

出所：中村＝杉田［図表2-6］を基に作成（著者一部修正）。

断を求めるように Ａ に返してきます。

　３）裏面的交流（仮面的交流）

　これは、相手の一つ以上の自我に向けて、顕在的な交流と潜在的な交流の両方が同時に働く複雑な交流です。

　表面（社交レベルのメッセージ）では、もっともらしいメッセージを発しているようですが、その主な欲求や意図、または真意などが裏面（心理レベルのメッセージ）に隠されているのが特色です。

　裏面的交流、つまり「隠されたやりとり」はいわば「ホンネ」と「タテマエ」であり表面的には相補的交流のようですが、実際は本当のメッセージを遠回しに相手に送っているのです。下図では、表面の刺激と反応は実線で描き、裏面は点線で描きます。言葉では大人 Ａ と大人 Ａ の相補的なやりとりですが、裏面では子ども Ｃ のやりとりが行われていたのです。

【図表2-15】裏面的交流の例

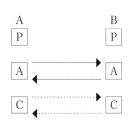

表面
　A「今度のミス、あまり大きくならないうちにわ
　　かってよかったね」
　B「うん、この程度のダメージで済んでよかったよ」
裏面
　A「もっとひどい目にあったらおもしろかったのに」
　B「ほんとうは喜んでいるんだろう」

出所：中村＝杉田［図表2-6］を基に作成（著者一部修正）。

　私たちはいろいろなやりとりにおいて、相手からの隠されたメッセージに気

づくと同時に自分が半ば無意識に発信している「隠されたやりとり」に気づく必要があります。

それには、自分や相手の言葉だけではなく、態度、気持ち（感情）、行動などからも「何を言おうとしているか」に気づかなければなりません。

（3）　ゲーム分析

一般にゲームと言えば楽しい、愉快な時間の過し方と考えていますが、交流分析でいう心理的ゲームは、前項で述べた裏面的交流が定型化したもので、繰り返し行われる人間関係のトラブルを言います。

夫婦ゲンカ、親子のいさかいなど、家庭や職場や社会での人間関係のトラブルで、「またやってしまった。もう２度とやるまいと思っていたのに……。」というような経験は誰もが持っていると思いますが、こんな場合、「またやった！！」と途中で感じかけても、最後までやってしまわないとおさまりがつかないことがあります。その結末は、お互いにイヤな感情が残るのです。

この心理的ゲームはその奥に"わな"や"インチキ"を内蔵した一連の駆引きで、反復するのが特色です。そうした心理的ゲームから脱却していくことが、健全な生き生きとした人間関係をつくりあげていくもとになります。

この心理的ゲームには、始めがあって終りがあり、次のような公式にもとづいて展開していく性質を持っています。

【図表2-16】心理的ゲームの公式（バーンの公式）

ゲームを仕掛ける人	+	仕掛けられる人	=	応答	→	交流パターンの変化	→	混乱	→	結末
・A で気づいていない隠された動機を持っている ・その狙いは「OKではない」を証明することにある		・ゲームに乗せられるような弱みを持っている		ゲーム開始 ・表面的にはA—Aのやりとりが行われる ・実際は二重の隠されたやりとりが行われる		交流内容の変化 ・自我状態P A C が切り替えられる ・トリックやワナがある ・ゲームの役割がスイッチする		交差的交流による混乱 ・「どうしてこんなことになってしまったのだろう？」という混乱		・不快感や後味の悪い感じが残る結末 ・初めの狙い「OKではない」がはっきりと証明される

出所：池上岩男『イヤな自分は変えられる』（こう書房、1992 年）ほか。

［図表 2-17］ よくあるゲームの例「ぼくは、バカ」

息子	・ぼくは、バカなんだよ。
父	・おまえは、バカじゃない。
息子	・いいや、バカだよ。
父	・そうじゃない。夏休みのキャンプの時、おまえはよく働いて、よい仕事をしたと、先生がほめていた。
息子	・先生が何を考えているか、お父さんにはわかるはずがない。
父	・いや、先生に直接に聞いたんだ。
息子	・先生はね、いつもぼくのこと、バカ、バカ、と言っている。
父	・それは先生が、からかって言っているんだ。
息子	・とにかく、ぼくはバカなんだ。ぼくの学校の成績を見たらわかるだろう。
父	・努力したらいいのだ。
息子	・努力はしているよ。だけどだめさ。頭も悪いし、種も悪いんだ。
父	・いいや、頭はいいはずだ。努力がたりないだけだ。
息子	・いいや、バカだよ。ぼくは。
父	・バカじゃない！
息子	・バカだよ！
父	・バカじゃないと言っているだろう！　このバカヤロー！！

出所：古今堂雪雄『新・あるカウンセラーのノート』（関西カウンセリングセンター、1994 年）。

　ゲームを要約すると、繰り返し起こること、一見Ⓐ とⒶ のやりとりのように見えますが、裏ではⓅ とⒸ でやっていること、そのため “わな” や “からくり” のある駆引きの交流をしていて、ストローク（ふれあい、後述）は得られますが、嫌な感じが残り、結局のところ「私は OK でない」ということを証明してしまうこと、などが特徴です。

　ゲームを止めるには、①ゲームが存在していることに気づくこと、②役割を演ずることを止めること、③相手が役割を演じるのを中止する援助をすること、④否定的ストロークを肯定的ストロークに代えること、⑤自分自身や他人を無視したり、軽視したりするのを止めること、などが挙げられます。

（4）　脚本分析

1 ）脚本分析とは

　人の一生を一つのドラマととらえ、その中で繰り広げられるその人の役割を分析することを、交流分析では脚本分析（script analysis）と呼びます。

脚本（script: スクリプト）のもととなるものは子どものとき、両親からどんな育てられ方をされたかによって、与えられるものだと考えられています。バーンは、「その人がどんな大人になるか、つまり人生という舞台でどんな役割を演じるかという、いわば人生の脚本は、子どもが4〜5歳になるまでに両親から渡される」と言っています。

　生後、乳幼児のときから4〜5歳頃までの間に、両親、特に母親から繰り返し、繰り返し、「ああしてはいけない」「こうしてはダメ」と、朝から晩まで与えられるメッセージの大半は、親の子どもに対する "こうあって欲しい" という "しつけ" や "期待"、"人生の生き方についての基本的なもの" です。

　しかし、親から発信されるメッセージがすべて「するな」（don't）であるところから、アメリカの交流分析の指導者グールディング夫妻（Goulding, M. & Goulding, R.）は、禁止令（injunctions）と名づけ、「存在するな」、「お前（の性）であるな」、「成長するな」、「子どもであるな（遊ぶな、楽しむな）」、「重要であるな」、「達成（成功）するな」、「属するな」、「健康（正気）であるな」、「近寄るな（親しくなるな）」、「感じるな」、「考えるな」、「するな」などを人生脚本を作る代表的な禁止令として挙げています。

　こうした禁止令は親自身が意図的に与えるわけではなく、したがって言葉ではなく態度、声の調子、姿勢やジェスチェアなど非言語的に伝えられることも多いのです[45]。こうして多くの人は、問題のある強烈な「禁止令」を繰り返し与えられ、それによって自分の脚本を作りあげていくのです。このような人生脚本は、幼児期に決断されたものなので、幼児決断と呼ばれ、その時期は6〜7歳頃から12〜13歳頃だと言われています。

　2）三種類の人生の脚本

　人生の脚本には、大きく分けると三種類の脚本があると言われています。それは「勝利者（成功者）の脚本」、「敗北者の脚本」、そして、「平凡な人の脚本」の三種類です。

　勝利者（成功者）の脚本とは、人生のゴールを自分で決め、それに向かって全力をつくし、それを成し遂げるという "自己実現" の脚本です。

45）　國分編・前掲注1）237頁〔深沢道子筆〕。

　勝利者（成功者）の人生脚本を持った人は、自分に対して自信を持っていると同時に、他人に対しても基本的な信頼感を持っている人であり、仕事においても、他人との交流においても、いつも建設的で、生き生きとしています。そして、自分で自分をコントロールでき、自分の人生に対しては自らその責任を持つことができる人です。ときには、失敗があっても、二度と同じしくじりを繰り返すことをしません。この脚本を演じる人は、もう一度生れ変わっても同じことをするというぐらい、自分でも人生に満足している人です。

　これとは反対に、暗くて、何か屈折したような人生を過ごす人もいます。こうした人を、敗北者の人生脚本を持った人と言います。

　この脚本の下にある人は、自分のゴールを達成することができず、人生が思うようにならないと、責任を他に転嫁したり、過去の失敗にこだわったりして、"今、ここ"という時点を柔軟な姿勢で生きようとしません。

　しかし、現実には、完全な勝利者や、全くの敗北者というのは、ほとんどなく、大部分の人は、ある時には勝利者であり、次の瞬間には敗北者であるといった、「平凡な人生脚本」を持った人なのです。

　平凡はすばらしい価値ですが、もう少し頑張れば、社会的にもっと貢献できるにもかかわらず、自分の持てる力をフルに発揮せずに終わってしまいます。優秀でも常に"縁の下の力持ち"を演じたり、一生うだつが上がらない形で人生を終る人です。

　平凡な人生脚本を持った人でも、自分の人生脚本を少しでも勝利者（成功者）に近いものとしていくことは可能なことです。なぜなら、自分で決めた自分の生き方は、決心次第でいくらでも変えていくことができるからなのです。このままではまずいということに気づいたならば「再決断」すればよいのです。

　3）脚本の書き換え

　このように人生の脚本は、両親が子どもに対して、どんな育て方をするかによって決定されるものですが、その人自身は無意識のうちにこの脚本どおりに人生をすごしているわけです。もし、新しい生き方を求めて脚本の書き直し、やり直しをするなら、まず自分がいったいどのような人生の脚本を持っているかをよく理解することから始める必要があります[46]。

（5）　ストローク

　　1）ストロークとは

　私たちが社会的な生活をするうえで、人との接触から得られる刺激をストローク（stroke）と呼びます。ストロークと言う言葉の意味は、日本語に訳すと“なでる”“さする”“愛撫する”などの意味がありますが、交流分析では、「ある他の人の存在を認めるための行動や働きかけ」であると定義づけられています。

　つまり乳児のときには、なでたり、さすったりされる直接的な肌の接触が、そして大きくなってからは、認められる、肯定されるといった反応が私たちに必要なのであって、それが欠けるといろいろ深刻な問題が生じるというのです。

　交流分析の開発者、バーンは「人間は誰しもストロークを求めて生きている」と言っていますが、人間の心の中には無視されたくない、自分の存在を認めて欲しいという欲求を持っているのです。

　親、教師、上司など、人に教え伝え、その人の成長を支え、導いていく立場にある人はストロークを上手に使うことが重要です。

　　2）ストロークの種類

①　身体的ストロークと心理的ストローク

　ストロークには、実際に身体的に接触するものと、言葉かけなどの精神的なものとの二種類があります。前者を身体的ストローク（タッチ・ストロークとも言う）と呼び、後者を心理的（または認知的）ストロークと呼びます。

　身体的ストロークは特に乳幼児期には不可欠で、これが不足すると、身体的にも様々な障害が出ることが判明しています[47]。

②　肯定的ストロークと否定的ストローク

　ストロークの中味が、受ける側にとって肯定的な意味を持っているか、それとも否定的な意味を持っているかで、“肯定的ストローク（プラスのストローク

---

46)　古今堂雪雄『新・あるカウンセラーのノート』162頁（関西カウンセリングセンター、1994年）。

47)　たとえば、母親からの身体的なストロークが欠乏したため、発育異常をきたしてしまったスーザンという女の子が、病院において身体的ストロークを充分に受けて、第2の成長のチャンスをつかんでいくという記録映画“The Second Chance”は、交流分析のワークショップにおいてよく紹介されている。

[図表2-18] ストロークの種類

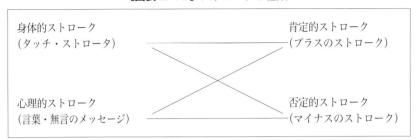

とも言う)" と "否定的ストローク (マイナスのストロークとも言う)" に分ける
こともできます。

①と②の二つの分けかたを組み合わせると、[**図表2-18**] のような四つの
種類のストロークがあるということになります。

また、様々なストロークの授受の中で、人はディスカウント (discount：値
引き) と呼ばれる行為を無意識に行っていることがあります。

ディスカウントとは、自分、相手、状況の価値を軽視したり、その能力や成
り行きを過小評価したりすること、つまり問題解決に関連する情報に気が付か
ずに無視することを言います。

否定的ストロークとディスカウントの違いは、否定的ストロークの中には必
ず「相手または自分の存在・価値・行動を "認めている"」というストローク
のスタンスが必要であるのに対してディスカウントは、無視して、感情のまま
に注意する、行動するということです。

[**図表2-19**] にストロークとディスカウントの具体例を示すこととします。

肯定的なストロークか、否定的なストロークなのかの判断は、受け手の受け
取り方で決まります。私たちは物事のとらえ方や、考え方が、その時々の相手
や、状況によっても変わりますので、表の例示はあくまで一般的な内容です。

また、否定的なストロークであっても、教師が生徒に対して「注意する」、
「叱る」といったことや、職場で上司が「注意する」、「戒める」ということは、
その人を成長させるという教育的な側面があり、必ずしも悪いということでは
ありません。

否定的なストロークを受けると、不快な気持ちになり、葛藤を生じるつらい

[図表2-19] ストロークとディスカウントの具体例

	ストローク		ストロークではないもの（ディスカウント）[注]
	肯　定　的	否　定　的	
身体的ストローク	なでる、さする、愛撫する、抱擁する、おぶう、キスする、握手する	叩く	殴る、ける、つねる、暴力をふるう、突き飛ばす、殺す
心理的ストローク	ほめる、励ます、微笑む、うなづく、挨拶する、相手の眼を見る、相手の話をよく聴く、信頼する、任せる	叱る、怒る、制止する	皮肉を言う、嫌みを言う、けなす、無視、無関心、仲間外れ、情報を流さない

（注）ディスカウントとは、本来"値引き"とか軽視という意味を持っている。交流分析では「現実、他者、自分自身の状況の、ある様相を無視したり軽視したりするような心の中のからくりや、その具体的な現われとしての行動」と定義づけている。

出所：岡野嘉宏＝多田徹佑『新しい自己への出発－マネージメントのためのTA－』（社会産業教育研究研所、1995年）。

状況ですが、この状況を乗り越える力も重要です。幼いときからこのような困難や不快感など、自分自身に不都合なことを克服する体験をもたないと、些細なことで自分だけに不幸なことが起こると思いつめたり、克服する力や耐える力が自分にはないように感じたりしてしまいます[48]。

③　条件付きストロークと無条件ストローク

ストロークの種類を分類する場合に、次のような分類の仕方もあります。ストロークを出すときに何らかの条件をつけたものを「条件付きストローク」と言い、何の条件をもつけずに出すストロークを「無条件ストローク」と言います。

条件付きストロークと無条件ストロークにも肯定的なものと否定的なものがあります。

［図表2-20］に条件付きストロークと無条件ストロークの具体例を示すこととします。

３）良いストロークの交換

「ストロークは、与えた種類のものが、与えた量だけ返ってくる」ギブ アンド テイクの関係にあると言われています。相手に関心をもって接すると、相

48）　日本交流分析協会編・前掲注41）22頁。

[図表 2-20] 条件付きストロークと無条件ストロークの具体例

	条件付きストローク	無条件ストローク
肯定的ストローク	・あなたの仕事ぶりは素晴らしいね ・あなたは約束した期限に間に合うように頑張ったから努力を認めるよ	・あなたがいてくれて本当によかった ・あなたはかけがえのない人よ ・あなたが無事でよかった
否定的ストローク	・時間を守れないのがあなたの悪いところだよ ・計算を間違えているから直しなさい	・あなたのことは嫌いだ ・あなたの顔は見たくない ・どうしようもない奴だ

出所：日本交流分析協会編『現代の交流分析・基礎』（改訂版）（2018年）を基に作成（著者一部修正）。

手も同じようにあなたに関心をもって接してくれる可能性は高くなります。

　できるだけ良いストロークの交換を行い、良好な人間関係を築くことを心掛けることが大切です[49]。

　また、人生を和やかにすごすには、一般に肯定的ストローク（プラスのストローク）をできるだけ多く受けていくことが大切です。

　肯定的ストロークの言葉をいくつか参考までに挙げておきます［図表2-21]。

[図表 2-21] 肯定的ストロークの言葉

おはようございます	失礼いたします
こんにちは	少々お待ちください
こんばんは	承知いたしました
おやすみなさい	素晴らしいですね
おつかれさまでした	すみません
お元気ですか	よいお天気ですね
おかげさまで	お待たせいたしました
いらっしゃいませ	お待ちいたしておりました
ありがとうございました	お気をつけて
おくつろぎいただけましたか	おやすみになれましたか
お先に失礼いたします	
ごめんなさい	

49)　日本交流分析協会編・前掲注41) 24頁。

　　エリック・バーンが提唱した交流分析という概念は、人間をより豊かにする
ために、他者と交流する際の自身の特徴を知ろうというものである。自分の心
には、父性的な親、母性的な親、冷静な成人、自由奔放な子、従順な子という
家族が住んでいて、5人の勢力図から自分をとらえ、人間関係作りに生かす、
という理論である。

　　しかし実際は、相手によって自分の態度は異なるものである。会議で公正な
発言をする自分、上司の前でペコペコする自分、部下にぞんざいな態度を取る
自分、子どもに厳しく注意する自分、親友と楽しく笑う自分、一人きりの時の
だらしない自分。一体どれが本当の自分なのだろうか。

　　本当の自分探しに疲れた時は、どの自分も本当の自分だと認める勇気も大事
かもしれない。すべての場面で自分を自分好みにしなくてもいいのではないだ
ろうか。好きになれない自分を強く認識し、自己嫌悪感に苦しんでいる時でも、
別の場面の自分はまんざらでもないと感じることもきっとあるはずである。

　　自分に対する信頼感のようなものを、心理学用語で自己効力感（self-
efficacy）[注] 呼ぶ。特定の人の前や場面で、まず好ましい自分を探し、好きな
自分から見習ってみよう。なぜ好ましいのかを考えれば、他の場面に生かせる
ヒントに気付くかもしれない。

　　少しずつ好きな自分がいろんな場面に現れると、自己効力感が高まるのでは
ないかと思う。

注：自己効力感とは、自分が、ある具体的な状況において、適切な行動を成功裡に遂行
　　できるという予測および確信のことである。カナダの心理学者バンデューラ
　　（Bandura A.1925～）が提唱した。
出所：高野和樹「元気のココロ」（日本経済新聞（朝刊）2017年10月14日）を基に作成（著
　　者一部修正）。

10　家族療法（Family Therapy、Family Counseling）とは

Q 家族療法とはどういうことですか。

A 1950年代の半ばごろからアメリカを中心に発展してきた家族全体を対象とする心理療法です。

　家族療法とは、家族を一つのまとまりを持ったシステムとみなし、その家族システムを治療の対象とする、システム論に基づいた新しい理論枠組みによる心理療法です。家族療法では、家族を一単位として扱うことから、病理を家族システムに求めることが特徴です。

　従来のカウンセリングでは、問題の所在を個人のレベルでのみ考えていましたが、家族療法の立場に立つと、個人内（intrapersonal）ではなく、個人間（interpersonal）の問題としてとらえるのです。

　家族療法では、患者は、家族システムの病理を代表して、症状や問題を表している家族メンバーという意味で、IP（identified patient）と呼ばれています。これは「患者と見なされた人」という意味で、その人だけを患者扱いにしないということです。IPは、いわば家族のなかでSOSの旗を振る人ですから、カウンセラーはIPの症状を通して家族システムの病理を診断し、その変化を援助することが役割となります。

　また、家族療法を行ううえでは、家族ライフサイクルの考え方も大切な視点です。これは、個人に発達があるように家族にも発達があり、その発達には一定の順序があり、またそれぞれの段階に応じた発達課題があるという考え方です。

　新婚期（結婚から第一子の誕生まで）、出産、育児期（乳幼児、児童のいる家族）、青年期の子どものいる時期、子離れ期（子どもの結婚、夫婦の再適応の時期）、老年期などの段階を追って家族関係が変化していきますが、その間に各段階での課題が達成できればよいのですが、それが積み残されると家族システムの硬直化が起こり、いろいろな問題や症状が出てくるというわけです[50]。

　したがって、家族療法では、効果を生まない家族の努力を客観的に見直し、

効果を持つ動きやかかわりに変える援助をしようとするのです⁵¹⁾。

50)　杉渓ほか編著・前掲注 16) 72 頁〔杉渓筆〕。
51)　この場合、焦点をどこに置くかによって、アプローチが異なる。主なアプローチは、①家族のコミュニケーションのしかたを変える、②家族の構造を変える、③世代間にわたる葛藤を解決する、のいずれかに分類されると言える（國分編・前掲注 1 ）90 頁〔金沢吉展筆〕）。

11 エンカウンター・グループ（Encounter Group）とは

Q エンカウンター・グループとはどういうことですか。

A 1960年代の半ばごろからアメリカで始まった小グループによる体験学習の方式です。

　エンカウンター・グループ（出会いのグループ）は、ロジャーズにより研究され提唱されたものです。エンカウンター・グループの目的は、他人の思惑や評価を気にしないでいられる安全な雰囲気の中で、グループのメンバーがお互いに本音を出し合い、心のふれあいを体験することによって、個人の自己成長を促し、対人関係の改善に寄与するというものです。

　このようなエンカウンター・グループの性格は、別に発展してきた集団心理療法やグループカウンセリング、あるいはTグループ（training group）と呼ばれている方式とも重なる部分がありますが、わが国でエンカウンター・グループというと、ロジャーズの提唱したベイシック・エンカウンター・グループ（basic encounter group）を意味する場合が多いです[52]。

　エンカウンター・グループの運営は、通常10〜15人位のメンバー（クライエント）と1〜2人のファシリテーター（facilitator：促進者という意味でカウンセラーとは言わない）とからなるグループを編成し、ファシリテーターはグループ員が自分の感情を自由に表現できるように、受容的・許容的雰囲気をつくります。そしてこのグループによる会合の中で、お互いが持っている印象や感情を率直、自由に話し合い、ぶつけ合うことにより、自己理解と他人理解を深め、メンバーそれぞれのパーソナリティ（personality）の成長をはかっていくものです。

　グループの会合（セッション）は1回が2時間〜3時間で、集中的なエンカウンター・グループでは合宿で会合を数回〜十数回続けて持つこともあり、また、曜日を定めて毎週1回行う方式もあります。

52）　杉渓ほか編著・前掲注16）73頁〔杉渓筆〕。

12 フォーカシング (Focusing) とは

Q フォーカシングとはどういうことですか。

A ロジャーズの高弟といわれるジェンドリンが開発した体験過程方法の一つです。

1. フォーカシングとは

オーストリア生まれで、アメリカの哲学者・心理学者、ジェンドリンが開発したフォーカシングは「焦点づけ」と訳されていることもありますが、彼の独特の思考は、ロジャーズの来談者中心療法に体験過程という概念をもたらし、またその療法を非指示的・感情反射的な療法から体験過程療法の段階へと切り開きました。

体験過程とは、心理療法の過程で、クライエントが「今、ここ」で何かを感じる経験を言いますが、この経験は心だけで起こるのでも、からだだけで起こるのでもなく、いわば心＝からだの統一体、心身一如の経験として起こるのであることをジェンドリンは強調します。

フォーカシングの特徴は、一言でいえば、身体感覚に注意を向けるところにあります。人は何か気がかりなことがあると、モヤモヤしたり、イライラしたりといった感じを、からだの中で感じます。それは漠然とした全体的な気分ですが、ジェンドリンはその身体感覚をフェルトセンス（felt sense：意味ある感じ）[53] と言い、それに焦点を当てるのです[54]。

フォーカシングは問題に没入せず、その問題をちょっと脇へおいて、つかず

---

53) フェルトセンスは、あいまいではあるが何か複雑な意味を暗に含んでいるように感じられるからだの感覚のことである。筋肉痛、肩こりのような単なる身体感覚ではない。たとえば、悩んでいるある問題を思い浮かべたときに感じる落ち着きの悪いようなからだの感覚、関係が良くないある人から言われたことについての何かひっかかるような気になるからだの感じ、文章を書いてみたが何かもう一つ言い表せていないような腑に落ちていないような感じなどである（日本産業カウンセリング学会監修・前掲注7) 341頁〔新田泰生筆〕）。

54) 杉渓ほか編著・前掲注16) 73頁〔杉渓筆〕。

離れずの位置から眺めることによって、その問題にとらわれている自己を客観化し、しかもその客観化・相対化は知的操作によらず、からだの感じとして体験します。

したがって、フォーカシングの効果はその場で感じられ、"ほっとした""気が楽になった""胸のあたりが暖かくなってきた""もうしばらくここにいたい"など「いい感じ」が得られるということです。

2. フォーカシングの普及

ジェンドリンの心理療法の研究によって生み出されたフォーカシングは、心理療法や自己理解、夢理解の方法としてアメリカをはじめ、ヨーロッパほぼ全域に普及しています。

ジェンドリンは、1978年と1987年、2度来日し、フォーカシングのワークショップや講演会等を行い、日本のカウンセリング界にも強い影響を与えています。

日本フォーカシング協会（Japan Focusing Association）[55] は、1997年9月、フォーカシングを愛好し、生活や個人的成長に役立てる一般市民・研究者・臨床家を包含する幅広いネットワークとして結成されました。

---

55)　ホームページ：https://focusing.jp/

13 森田療法（Morita Therapy）とは

Q 森田療法とはどういうことですか。

A 精神科医の森田正馬（もりたまさたけ）が創始した神経症の治療法です。

　森田療法とは東京慈恵会医科大学精神科教授であった森田正馬（1874～1938）が自らの神経質症状克服の体験から生まれた精神療法で、体系化されたのは1920年頃と言われています。わが国独自の精神療法という面が強調されるきらいがありますが、近年では中国やアメリカなどでも急速に普及しています[56]。

　また、森田療法に関する研究活動、研修事業は日本森田療法学会（JSMT :Japanese Society for Morita Therapy）[57] を中心に推進されています。

　森田療法で取り扱う対象は、森田神経質と呼ばれる性質の人たちで、これは一般的に「あの人は神経質だ」と言われる人たちのことですが、ヒステリー等の外向的性質とは違い、反対の特徴を持っています。

　内向的で自分の欠点を気にしますが、その欠点を何かと克服しようとするため、内に引き込もってばかりいるということはありません。

　森田は神経症の根本原因として先天的素質を重視し、これをヒポコンドリー性基調（自己の身体的精神的変化に過度に注意を向けること）と呼びました。さらに、感覚と注意が交互に作用し合って症状を発展・固定させる精神交互作用が症状出現に重要な役割を果たすと考えました。

　精神交互作用は、「緊張しているなぁ」といった感覚に、「どうなっているんだろう？」と注意を集中させればさせるほど、「緊張している自分」は自覚され、その感覚が増幅されてしまうという、いわば悪循環に陥っている状態です[58]。

　森田療法の原法は入院療法で、①絶対臥褥（がじょく）期（約1週間、独りでベッドに寝

---

56)　大西守ほか編著『産業心理相談ハンドブック』110頁（金子書房、1998年）〔大西筆〕。

57)　ホームページ：http://www.jps-morita.jp/

58)　日本産業カウンセラー協会編・前掲注13）239頁〔上嶋洋一筆〕。

ていることを強制される。この間は食事・洗面・排泄など基本的な生活行動以外は起きることを禁じられ、ひたすら自らの悩みや苦しみを考えさせる）、②軽作業期（外界に触れさせ軽作業をさせたりする。自発的に身のまわりのものを片付けるとか、ガラスを磨くなどの作業をやらせる）、③労働期（肉体労働を患者同士で協力して行う。また、読書やスポーツ、数人が集ってのゲーム、レクリエーション活動なども気分転換として認める）、④生活訓練期（日常生活に戻れるよう社会生活の準備に当てられる。社会生活のトレーニングとして外出も許され、職場や学校に通いながら不安や葛藤に対処させる方法を学習させる）の4期に分けて治療します。原法では40日の入院ですが、近年では60～90日のことが多いようです[59]。

　また、外来のケースは、主として日記による指導が行われます。患者の日記は自己中心的で内向的な内容に陥りやすいので、客観的に事実を見る態度が身につくように指導されます[60]。

　なお、心理相談担当者、カウンセラー自身は森田療法を学んで実践することを目指すよりも、的確な情報提供が実践的と考えられます。職場で過度のあがり症の人、対人関係が下手な人、確認行為（何度も手を洗う、何度も数値を読み返すなど）がひどい人に対して森田療法が有効な治療法であると言われています[61]。

---

59)　國分編・前掲注1）545頁〔大原健士郎筆〕。
60)　杉渓ほか編著・前掲注16）76頁〔杉渓筆〕。
61)　大西ほか編著・前掲注56）110頁〔大西筆〕。

14　内観療法（Naikan Therapy）とは

Q 内観療法とはどういうことですか。

A 吉本伊信が仏教（浄土真宗）の一派に伝わる「身調べ」という行を、一般の人にも行えるようにした修養法で「内観法」とも言います。

　内観療法は、森田療法とともに日本独自の心理療法の一つです。

　もともとは浄土真宗の一派に古くから伝わる「身調べ」という修行法を、吉本伊信（1916 ～ 1988）が宗教色を取り除き、一般の人にもできる方法として確立したものです。

　内観とは内心の観察という意味で、自分と向き合い過去を謙虚に見つめることを言います。

　また、内観療法に関する研究活動、研修事業は日本内観学会（The Japan Naikan Association）[62] を中心に推進されています。

　内観療法の基本的形態としては、クライエントが研修所に約一週間宿泊して内観する「集中内観」と、日常生活で短時間内観する「日常内観」があります。

　さらに時間的制約のため1泊2日や2泊3日などの「短期内観」や、他の研修プログラムの中で数週間の集団内観や記録内観などの方法が開発されています。

　集中内観は、①してもらったこと、②してもらって返したこと、③迷惑をかけたこと、の三つのテーマにそって、まず母（または母代わりの人）を対象にして考えます。特に迷惑をかけたことには時間をかけて想起します。

　小学校低学年、高学年、中学校時代…というように年齢を区切って、過去から現在までを考えていきます。

　母親に対する内観が済めば、父、兄、弟、師、友人、上司などに対象を移し

---

62)　1978 年に設立された日本内観学会（設立時の名称は内観学会）は、2017 年に日本内観医学会（The Japanese NAIKAN Medical Association）と統合し、新たな組織体制となった。
　　ホームページ：http://www.jpnaikan.jp/

ていくのです。

　カウンセラーとの面接は1〜2時間毎に1回3〜5分あり、1日8回程度あります。クライエントは内観した結果を簡潔に報告します。

　日常内観は、集中内観を終えた人がさらに内観で得たものを維持し発展させるため、トレーニングとして行うもので、1日2時間程度行うように指導されます。日常内観が身につくと、退屈せず充実した日々が送れると言います。

　内観のテーマに沿って回想していくと、愛情をたくさん受けてきたにもかかわらず、「してもらって返したこと」は少なく、ひどい迷惑をかけてきた罪深い自分を発見します。こうして自己や他者への理解が深まり、親子・夫婦・職場の人間関係が改善され、心身の重荷を下ろし、うつ状態や心身症などの症状から解放されるということです[63]。

　現在では、内観療法は全国各地に普及し、非行・犯罪の矯正教育や、心身症や神経症、一部の精神病、薬物依存の治療などで効果を上げています[64]。

---

63)　日本産業カウンセリング学会監修・前掲注7）299頁〔三木善彦筆〕。

64)　國分編・前掲注1）423〜424頁〔伊藤研一筆〕。

15 サイコドラマ (Psychodrama) とは

Q サイコドラマとはどういうことですか。

A ウィーン生まれの精神科医モレノが考案したもので、即興劇の形式による集団心理療法の一種です。

1. サイコドラマとは

　これは、精神科医モレノ（Moreno, J.L.1892 ～ 1974）によって創始された即興劇の手法を用いた集団心理療法です。わが国では、1951 年外林大作、松村康平によって「心理劇」という名称で紹介され、教育、産業、臨床などの分野で広く行われています。

　また、1981 年にモレノの妻ザーカ・モレノ（Moreno, Z.T.1917 ～ 2016）が来日し、古典的サイコドラマを紹介、この影響で広く普及するようになりサイコドラマと呼ばれるようになりました [65]。

　モレノは、ウィーンで医療活動と詩作活動をするうちに、治療的な演劇としてサイコドラマを考案しました。その後、アメリカに移住（1925 年）し、集団心理療法、ソシオメトリー（sociometry：人間関係の数量的測定的研究）[66]、サイコドラマの三者を体系化し、その発展につとめました。

　モレノによれば、サイコドラマの目的は日常生活のなかで抑制されている自発性を解放し、役割を通じて創造性を開発することであると言います。

　サイコドラマは、一言でいえば人間関係の実験的な体験学習であると言えます [67]。

---

65) 日本産業カウンセリング学会監修・前掲注 7) 154 頁〔鈴木勝夫筆〕。

66) ソシオメトリーとは、モレノにより提唱された社会的集団の構造と機能に関する理論である。その集団の構成員の心理的・感情的作用に注目して把握し、それらの作用による集団の構造化と秩序、および関係性の維持や、その再構成に関して、数学的に明らかにしようとするものである。ソシオメトリーの大きな特徴は、集団構造の既存の役割関係や制度的側面に焦点化するのではなく、集団の構成員による心理的・感情的な作用による側面に焦点化するという点である。（https://psychoterm.jp/basic/society/sociometry）。

67) 杉渓ほか編著・前掲注 16) 75 頁〔杉渓筆〕。

　サイコドラマの構成は、監督、主役、相手役（補助自我とも言う）、舞台、観客の 5 要素からなっています。

　三段の円型舞台が用いられ、主役を中心にドラマが展開されます。まず、ウォーミングアップを行い、その間に主役がグループの中から選ばれます。そして主役の自発性・創造性が発揮されドラマが展開され、「今、ここ」での活動を経て、何を体験し、何を感じているかが述べられます。それを相手役（補助自我）、観客と分かち合います。

　サイコドラマの手法は、カウンセリングの面接場面でも、企業内教育の中でも活用されています。

2.　わが国のサイコドラマの研究、ワークショップ

　現在、わが国でもサイコドラマの研究（学会）、ワークショップ，知識の普及・啓発とその推進・支援などが行われています。

　わが国の例としては、日本心理劇学会（Japan Psychodrama Association）[68]、日本集団精神療法学会（Japanese Association for Group Psychotherapy）[69]、東京サイコドラマ協会（Tokyo Psychodrama Association）[70] などがあります。

---

68)　ホームページ：http://www.psychodrama.jp/

69)　ホームページ：http://www. jagp1983 .com/

70)　ホームページ：http:// www.tokyo-psychodrama.org/

　即興劇の形式をとるという点ではサイコドラマに似ているものにプレイバック・シアター（Playback Theater：癒しの劇場）がある。

　これは、ニューヨーク州のビーコン（Beacon）にあるモレノ研究所でサイコドラマのトレーニングを受けたジョナサン・フォックス（Fox, J）が1975年に創始したもので、ストーリー（個人的体験の話）を劇にして即興的に演じる独自の舞台形式のことである。

　その中で人々は自分の人生で実際に起こった出来事について語り、それがすぐその場で演じられるのを見ることができる。プレイバック・シアターは観客にストーリーを語ってもらい、練習をつんだ役者の一団（カンパニー）がそれを演じる、といった上演形式でよく行われるが、気心が知れた人々が集まり、メンバーそれぞれの話を演じ合うワークショップ形式で行われることもある。

　プレイバック・シアターではあらゆる人生の体験が語られ、演じられる。

　語られる話は夢や思い出、空想、災難、笑い話など普通の話から普通でない話まで様々であるが、すべて本人によって語られ、その人自身の一片を表現する。

　プレイバック・シアターは、個人の問題の原因を探りそれを取り除いて解決をはかるというアプローチではなく、その人のそのままを受け止め、本人自らが新たな可能性や創造性を発揮してみることをねらいとしているところに特徴がある。

　舞台、学校、病院、会社、刑務所などストーリーを語る人がいる場所ならどこでも活動は行われている(注1)。

　プレイバック・シアターは、1989年にIPTN（International Playback Theatre Network：国際プレイバック・シアター・ネットワーク）(注2)の発足、1993年にニューヨーク州でスクール・オブ・プレイバック・シアター（New York School of Playback Theatre）(注3)の設立、1998年にスクール・オブ・プレイバック・シアター日本校(注4)の設立と、精力的な活動が続いている。

　現在、プレイバック・シアターは、世界50ヶ国以上で多くのグループにより実践されている。主な活動の場は、企業、学校教育、地域社会などで、導入目的は、自己への気づきや癒し、自己表現教育、学校のいじめ防止、職場の対話促進、（海外では）問題地区での和解や相互支援など、多岐にわたっている。

　わが国でプレイバック・シアターのセミナー、ワークショップなど活動を行っている団体はいくつかあるが、以下に紹介するプレイバック・シアター研究所も代表的なものの一つである。

●株式会社プレイバック・シアター研究所
　　代表：羽地朝和
　　本社：〒232-0043　神奈川県横浜市中区山下町12番地2
　　URL:http://playbacktheatre-lab.com/aboutcompany

注1：Salas,J., *Improvising Real Life: Personal Story in Playback Theatre*, 2nd ed.,
　　　Hunt Publishing Company, 1996（羽地朝和監訳『プレイバック・シアター　癒しの
　　　劇場』21頁（社会産業教育研究所、1997年））。
注2：ホームページ：http://www.playbacknet.org
注3：ホームページ：http://www.nyspt.org
注4：ホームページ：http://www.playbackschool.com/

第3章

傾聴について

1　傾聴（Listening）とは

> **Q** 傾聴とはどういうことですか。
>
> **A** 話す人を尊重し、その人の言ったことや感情をそのまま受け止め、聴く人が理解したことを正確に伝え返すことです。

1.「きく」ことの種類

「きく」に対応する言葉には３種類あります。すなわち、"聞く"（hear）"聴く"（listen）および"訊く"（question）です。

"聞く"は、音が耳に入ってくる意味で、身体の機能としては聞こえるという意味になります。

話し手が喋った事柄の中で、きき手にとって都合のよい部分を主として記憶される特徴があります。

また"聴く"は、傾聴の聴であり、相手の言いたいことを聴く意味です。つまり、相談関係の主導権が常に話し手の側にある状況のもとで、きき手は話し手の心情を主に感じ取るように努めることです。

さらに"訊く"は、訊問（または尋問）の訊であり、尋ねる意味があります。つまり、こちらがききたいことを訊くという意味です。職場における日常のコミュニケーションでは"聞く"と"訊く"が大部分であり、"聴く"は、きわめて少ししか行われていません。

人の会話の中では言葉が聞こえてくることも、こちらが訊きたいことを尋ねることも大切に違いないのですが、それにもまして重要なことは、相手が言いたいこと、聴いてもらいたいことをきちんと聴くことです[1]。

なお、相手の言ったことや感情をそのままそのまま受け止めるとは、「否定しない」「非難しない」「疑念をはさまない」「質問攻めにしない」「良い悪いと評価しない」「ほめもせず叱りもしない」「ダメ出ししない」「チクチク言葉を

---

1)　平木典子『アサーション・トレーニング─さわやかな＜自己表現＞のために─』112頁（日本・精神技術研究所、1995年）。

言わない」「助言・アドバイスしない」などの態度で話を聴くことです[2]。

2. 積極的傾聴

　カウンセリングやケースワーク（casework）、対人援助といった仕事をする者にとって、傾聴という言葉はこの仕事の中心的キー・ワードといっても過言ではないでしょう。

　カウンセラーがクライエントと対面し、相談を受けるとき、最も大切なことは、相手（クライエント）との信頼関係をつくることです。良い関係というのは、相手から「この人はいい人だ。信頼できる。この人には何を話しても大丈夫だ。」と思ってもらえるような関係です。

　そこで、お互いの心と心のつながり、つまり信頼関係ができていないときは、まず相手の話を聴くことから始めるべきだと思います。相手が今どういう気持ちでいるのか、どんなことを考えているのかを話してもらうのです。そのとき、聴く側の姿勢としては、相手の立場になって聴く、相手の身になって聴く、相手と共に聴く、相手から聞かせていただく、という姿勢が大切です[3]。

　ただ漠然と言葉の意味やその内容を聞いているのではなく、もっと積極的な行為、すなわち、相手を分かろうとする働きかけとして聴くことが重要です。このように相手の話を聴くことを、積極的傾聴（active listening）と言います。

---

2)　伊藤とくみ「コロナウイルス感染症対応 ―職場や家族とのコミュニケーション、傾聴を大切に―」（日本産業カウンセラー協会、2020 年 4 月）。
　（https://www.counselor.or.jp/covid19/covid19column5/tabid/511/Default.aspx）。
3)　梅澤勉監修『気づきへのサポート―心理相談の活動から―』58 頁（日本文化科学社、1995 年）58 頁〔深澤くにへ筆〕。

COLUMN 6　　　　　　　　　　会話を弾ませるためには

話をしやすい人としづらい人がいる。話しかけても反応があまりない人とは話しづらいものである。

しかし、会話はふたり以上でするものである。相手がもの静かだからといって、こちらが一方的に話していては、うんざりされてしまうのは目に見えている。

話しやすい人というのは、たとえ興味のない話題でも面白そうに話を聴いている。そういう人は話の中心にいることが多いようであるが、本人はとりわけおしゃべりというわけでもない。ただ、話にうなずいたり相づちを入れたりするタイミングが非常にうまいと言える。うなずきや相づちは、発言を促すのに効果がある。

つまり会話をスムーズに進めたいとき、まずは聴く側にまわり、話の内容にうなずいたり相づちを打ったりして、相手の気分を乗せてあげるとよい。その後、自分の話を始めれば、相手も快く聴いてくれる。

逆に言えば、相手がしきりにうなづいているからといって、話に聴き入ってくれているとは限らない。人は話を早く切り上げたいときや内容に興味を失ったときにもうなずくしぐさをするものである。

こういう場合、そのしぐさはタイミングがずれていて機械的に首を振っている場合が多いので、そうなったら、さっさと話しを切り上げるように心掛けよう。

出所：匠英一『人間関係のモヤモヤが消える　心理学ノート』86～87頁（KADOKAWA, 2020年）を基に作成（著者一部修正）。

> **Q** 傾聴の基本姿勢とはどういうことですか。
>
> **A** 基本は、深く相手の話に耳を傾け、その人に焦点を合わせ、相手そのものを聴く、ということです。

　従来、カウンセラーは相手の感情を聴く、感情を受容する、ということが強調されてきたきらいがありますが、感情を聴くというだけでもありません。

　比喩的に言えば、その言葉を発しているその人のありよう、感情・思考・態度すべてを含むそのひとの存在に耳を傾けるのです。もとより、手がかりは相手が語ってくれる話の内容であり、そこに伴う感情です。その感情に共感し、それを受容するとき、相手との交流の糸口が開けるのです。さらに深く、「今、ここ」でそのように語り、感じているその人の存在そのものを聴き取るということです[4]。

　傾聴の基本姿勢のポイント[5]を挙げれば、次のとおりです。

①クライエントが「今、ここ」で表出した感情の受けとめを優先するように努める。

②個性の尊重と愛情と配慮ある対応に努める。

③純粋で誠実な（嘘をつかない）関係を継続するように努める。

④批判や否定の感情をできるだけ相手に向けないように努める。

⑤妥協・迎合の気持ちをできるだけ慎むように努める。

「傾聴は愛のはじめなり」と言います。傾聴の"聴く"は14人分の心で耳を澄ますということです。そのくらいの気持ちで人の話に耳を傾けてこそ、初めて相手の心が納得すると言えます。

---

4)　佐治守夫＝岡村達也＝保坂亨『カウンセリングを学ぶ』14頁（東京大学出版会、1996年）。

5)　日本産業カウンセラー協会編『初級産業カウンセラー養成講座テキスト』88頁（1998年）。

3　よい印象を与える聴くときのポイントは

Q 職場で相手によい印象を与える聴くときのポイントについて教えてください。

A 上手に聴くには、座り方や姿勢、態度のとり方にも気をつかう必要があります。

　上手に聴くことのポイントを挙げれば次のとおりです。

① 相手の正面には座らないこと

　真正面に座ると、相手は緊張します。対決姿勢に見え、詰問、尋問されるような不安を抱くことがあるからです。できるだけ、相手の斜めに座ることをおすすめします。

② 椅子の背にもたれないこと

　座るときの注意として、背中を椅子の背もたれにつけないことがあります。ともすると、ふんぞり返る、尊大な姿勢になりがちなので、気をつける必要があります。

③ 足や腕を組まないこと

　腕組みをしたまま、足を大きく組んで聞かないようにしましょう。まして、貧乏ゆすりを頻繁にするのも、落ち着きません。

④ 相手にからだを向け、顔を見ながら聴くこと

　よく書類に向かったまま人の話を聞く人がいますが、相手のほうにきちんとからだを向けることが大切です。また、顔の中央を見ながら聴いてあげるとよいでしょう。相手の目を見詰めると相手も戸惑うので、終始見つづけることはしないようにします。ただし、特に大事な点、関心を持った話、確認したいときは一時的に目をじっと見ることもよいでしょう。

　以上のとおり上手に聴くには、座り方や姿勢・態度にも気を配る必要があります。また、相手が話しているとき、切れ目でうなずいたり、要所要所で相づちを打つことも大切です。これは、話す人に、聴いてもらっている、理解していただいている、という安心感を与えるはずです。さらに、ただ首を振るだけ

ではなく、「ほう」「なるほど」と声を出したり、相手の言った言葉をそのまま反復したり、確認しながら、「それは面白い」など、興味や好奇心を示すことも重要です。また、感動や軽い驚きを示す言葉を発することも効果的です。

　これは、相手を調子に乗せ、勢いづけるきっかけになります。

COLUMN 7	聴き上手になるためのコツ （相手が話の中で使っている修飾語に注意を向ける）

　最近、若者の間で"聴き下手"がまん延しているそうであるが、その元凶は、長続きしない話題と相手の話への無関心にあるようである。

　話し方や言葉遣い以上に、会話を肉付けするのは、自身の感動や感情ではないだろうか。

　たとえ雑談をしているときでも、よく聴いてくれる人だと相手から思われるような聴き手になりたいものである。よく聴いてくれる相手とは話もはずむ。では、聴き上手になるためのコツは何であろうか？

　多く使われる名詞や動詞の間にあって、話している人が何でもないように使っている名詞や動詞を説明している言葉、その言葉にその人の気持ちが出ていると思う。つまり、話の中に出てくる形容詞、形容動詞、副詞などの修飾語に注意を払うことがポイントである。

　たとえば、相手がこんな具合に話しかけてきたとする。

　「夕べ女房と派手なケンカをしましてねぇ」

　これに対し、どんな返事をするであろうか？

　三通りの返事を挙げておいた。

　　①「ああ、そう」
　　②「ケンカをしたの」
　　③「派手なねぇ」

　まず、①の「ああ、そう」は素っ気ない返事である。②の「ケンカをしたの」は話し手の言葉の名詞（ケンカ）と動詞（した）を繰り返したもので平凡な返事である。話している人はその夫婦ゲンカを派手だと思っている。そこにこの人が話したい意図があったのなら、①と②の返事では物足りないに違いない。

　「派手なねぇ」という返事が返ってきたら、自分と同次元で聴いてくれていると満足そうに思うに違いない。「派手な」は文法からいうと形容動詞で修飾語で

ある。

　話の根幹である名詞や動詞は、聴いているときに印象に残る言葉である。それに比べると、名詞や動詞を説明している言葉は、耳に残りにくく聴き落としがちな言葉である。しかし、その説明をしている目立たない言葉に注意を払っていると、その言葉を話している人の気持ちを汲み取るきっかけをつかむことができる。

　話のよく聴ける人になりたいならば、相手が話の中で使っている修飾語に注意を向ける努力をすることである。

　　（上記の文例は、産業カウンセラー、堀香代子の「話のよく聴ける人」楠能木通信（アカデ
　　ミア TA）より引用した。）

第４章

メンタルヘルス

1　職場のメンタルヘルス（Mental Health）とは

Q 職場のメンタルヘルスとはどういうことですか。

A 精神健康（精神保健）の維持増進をはかることを言います。

　メンタルヘルスという語を直訳すれば、精神健康（精神保健）ということになりますが、最近はメンタルヘルスそのままで使用することが多いようです。

　メンタルヘルスが特に注目されるようになった背景には、企業を取り巻く環境が厳しく、かつ急展開の変化が挙げられます[1]。

　これまでの職場の精神衛生の考えでは、心の問題というと精神科の病気ばかりを扱っていたきらいがありました。精神科にかかることは、すなわち人間性自身に重大な欠陥があることで、その人はもう治らないと思われたりしたわけです。

　確かに、明らかな心の病気もメンタルヘルスの問題の中に含まれますが、これはメンタルヘルスの対象のごく一部にすぎません。私たちが現実にメンタルヘルスが悪くなっていると考える場合には、重大な心の病気とはまったく質的に異なる軽い心身症や神経症の頻度のほうがはるかに多いのです。そして、心身症や神経症とも言えない、より軽度のメンタルヘルスの不全状態、たとえば、職場の対人関係の悩み、仕事のモラール、仕事への適応問題などはさらに多いのです。

　簡単に言えば、メンタルヘルスの領域は心身の病気だけでなく、心の状態の関与するすべての事柄を含んでいるのです。つまり、病気という悪い状態から、病気とは言えないが完全に調子がよいとも言えないいわば半健康の状態、そしてまったく病気でもなく生き生きと毎日をすごす健康な状態までのすべてを対象とするものなのです[2]。

---

1) 井上温「産業医・衛生管理者と労務・人事担当者の役割：メンタルヘルスの取り組みから」産業ストレス研究4巻2号99頁（1997年）。
2) 内山喜久雄＝呉守夫『ストレス社会と管理者の対応―マジメ人間の心の健康のために―』131〜132頁（経済法令研究会、1988年）。

2　THP（Total Health promotion Plan）とは

> **Q**　THPとはどういうことですか。
>
> **A**　労働者の心身両面にわたるトータルな健康の保持増進措置を言います。

　職場のメンタルヘルスは福利厚生的な任意の活動ではなく、法で定められたものです。労働安全衛生法（1998年9月改正）の第3条において事業者に安全配慮義務を明示し、第66条第1項において事業者は医師による健康診断を行わなければならないと定めています。また、第69条第1項において健康教育および健康相談を行うよう努めなければならないとし、第70条の2においてこれらの措置が適切かつ有効に実施されるため、厚生労働大臣は必要な指針を公表することにしています［図表4-1］。さらに第71条の2において、事業者は快適職場づくりに努めなければならないと定めています。これらの条項はすべて職場のメンタルヘルスの活動を裏づけるものです[3]。

　第70条の2による指針の公表にもとづいて、労働者の健康保持増進活動の取組みが行われています。これがいわゆるTHP（トータル・ヘルスプロモーション・プラン）と言われるものです。THPは、1988年に厚生労働省が策定した「事業場における労働者の健康保持増進のための指針」に基づく、労働者の心身両面にわたる健康づくりを推進するための取組みです。

　具体的には、各事業場が策定する健康保持増進計画に基づき「健康測定→健康指導→実践活動→評価→改善」を行うことにより健康障害を防止するだけでなく、心とからだを健康でより生き生きした状態に保つことを目的としています。すなわち、THPは、中長期的視点に立って継続的かつ計画的に取り組む必要があることから、健康保持増進計画を策定し、PDCAサイクル（Plan・Do・Check・Act：計画・実行・評価・改善）により推進することが求められてきました。

　一方で、指針策定から30年以上が経過し、産業構造の変化や高齢化の一層

---

3)　坂本弘「メンタルヘルス」『初級産業カウンセラー養成講座テキスト』130頁（1998年）。

の進展、働き方の変化等、日本の社会経済情勢が大きく変化していく中で、事業場における健康保持増進対策についても見直しを図るため、検討が行われてきました。その結果、事業場における健康保持増進措置をより推進する観点から、指針の改正[4]を行い、2020年4月1日から適用されることとなりました。

改正の主なポイントは、次のとおりです。

①従来の労働者「個人」から「集団」への健康保持増進措置の視点を強化

②事業場の特性等に合った健康保持増進措置への見直し

③健康保持増進措置の内容を規定する指針から、取組方法を規定する指針への見直し[5]

[図表4-1] 労働安全衛生法第69条～第70条の2

（健康教育等）

第69条

　事業者は労働者に対する健康教育及び健康相談その他労働者の健康の保持増進を図るため必要な措置を継続的かつ計画的に講ずるように努めなければならない。

2　労働者は、前項の事業者が講ずる措置を利用して、その健康の保持増進に努めるものとする。

（体育活動等についての便宜供与等）

第70条

　事業者は、前条第1項に定めるもののほか、労働者の健康の保持増進を図るため、体育活動、レクリエーションその他の活動についての便宜を供与する等必要な措置を講ずるように努めなければならない。

（健康の保持増進のための指針の公表等）

第70条の2

　厚生労働大臣は、第69条第1項の事業者が講ずべき健康の保持増進のための措置に関して、その適切かつ有効な実施を図るため必要な指針を公表するものとする。

2　厚生労働大臣は、前項の指針に従い、事業者又はその団体に対し、必要な指導等を行うことができる。

---

4)　厚生労働省「事業場における労働者の健康保持増進のための指針」（改正令和2年3月31日健康保持増進のための指針公示第7号）。

5)　従来の指針では、健康保持増進対策の推進に関して、事業者の表明や目標の設定等の進め方に関する言及はあるものの、各項目については具体的な記載となっていなかった。今回の改正では、指針に基づく措置内容について柔軟化する一方、PDCAの各段階で事業場で取り組むべき項目を明確にし、事業場が健康保持増進対策に取り組むための進め方を規定する指針へ見直すこととなった。

Q 職場で見られるメンタルヘルスの失調にはどのようなものがありますか。

A 統合失調症、双極性障害（躁うつ病）、うつ病、神経症、心身症などの精神疾患、および境界性パーソナリティ障害などがあります。

　最近、学生を含め若い人を中心に、メンタルヘルスを失調する人が目立ちます。まだ表面化していない人も含めれば、相当数の予備軍が存在しているのではないかと言われています。

　さらに、病気というほどではないがそうかといって健康でもない、いわゆる"半健康者"が増えています。これらの多くは身体面での半健康状態を指しているようですが、身体面だけでなく心の面での半健康状態も増えてきているのも事実です。

　今までに行われてきた調査によると、勤労者の半数以上が職場において何らかの精神的ストレスを感じており、少なくとも1割は、神経症やうつ病などといった病気のレベルではないものの、健康とも言えない"心の半健康状態"にあると言います[6]。

　また、精神疾患により医療機関にかかっている患者数は、近年大幅に増加しており、2014年は392万人、2017年では419万人と増加、特に、うつ病や統合失調症の患者数が多いのが特徴です[7]。

　職場で見られる心の病気の主なものを挙げれば以下のとおりです。

1．統合失調症

　統合失調症[8]は、幻覚や妄想という症状が特徴的な精神疾患です。大部分

---

6)　大西守ほか編著『産業心理相談ハンドブック』54頁（金子書房、1998年）〔田中克俊筆〕。

7)　厚生労働省ホームページ：https://www.mhlw.go.jp › kokoro › speciality › data.html

8)　日本精神神経学会は1937年以来使ってきた精神分裂病の言葉には人格否定的なニュアンスがあるとして2002年からは「統合失調症」に名称を変更した。

が10代後半から20代後半までに発病し、原因は不明です。

　主症状は、感情や意思の不活発（情意の鈍麻）、周囲の状況に無関心（自閉）、考えがまとまっていない（思考障害）、皆が自分を監視している、嫌がらせをする、尾行している、盗聴器をかけているなどと思い込み、訂正できない（妄想）、誰もいないのに人の声が聞こえてくる（幻聴）、自分が何かに操られている（作為体験）、自分が病気であると思っていない（病識欠如）などです。

　職場で理由の分からない遅刻や欠勤をしたり、仕事は何とかしているが孤立し、時々ちょっとした奇行をし、変わり者と見られる者のなかに、この病気が隠されていることがよくあるようです[9]。

　また、新人研修期間中などに統合失調症が顕在化することがありますが、学生時代にすでに発症していたものの、集団性や社会性が求められる場面が少ないことから見逃されてきたことが高いのです。

　特に、妄想に対しては論理的に説得は難しく（訂正不能と言う）、否定するのではなく、受け流したり、つらさに共感する姿勢が基本となります。さらに、症状のみならず対人関係や就労に関する生活障害にも気を配る必要があります[10]。

2．双極性障害（躁うつ病）

　双極性障害は、精神疾患の中でも気分障害と分類されている疾患のひとつです。うつ状態だけが起こる病気を「うつ病」と言いますが、このうつ病とほとんど同じうつ状態に加え、うつ状態とは対極の躁状態も現れ、これらを繰り返す、慢性の病気です。

　双極性障害はかつて躁うつ病と言われていました。

　双極性障害は、双極1型と2型に区分されます。うつ状態に加え、激しい躁状態が起こる双極性障害を「双極1型障害」と言います。また、うつ状態に加え、軽躁状態が起こる双極性障害を「双極2型障害」と言います。

　躁とうつの症状が現れる間隔は数ヶ月だったり数年だったりいろいろです。

---

9)　藤井久和『働く人の心理相談いろはがるた』35頁（働く人の健康づくり協会、1992年）。
10)　日本産業カウンセラー協会編『産業カウンセリング 産業カウンセラー養成講座テキスト1』（改訂7版）363頁（2018年）〔大西守＝高野知樹筆〕。

躁状態から突然うつ状態へと切り替わることもあります。一般に、躁状態の期間よりもうつ状態の期間のほうが長く続く傾向があります。

躁状態では、夜遅く寝ても朝の3時か4時半頃には、きっぱり眼が醒め、唯我独尊的に多動多弁となり、落ち着きがなく感情の抑制ができないため、金使いが荒く、ローンで高価な買い物をしたり、電話をかけ回したりすることもあります。

また、職場では一方的な契約などして会社に大きな損害を与え、他者に迷惑をかけ、家庭でも配偶者を罵倒したりします。その結果、退職せざるを得なくなったり、離婚問題が起きるので、専門医による早期治療が特に必要な症状です。

うつ状態では躁状態とは対照的に、朝方の気分が特に悪く、夕方から夜にかけて、いくらか気分がよくなる場合が多いのです。

日本では、うつ病の頻度は7％くらいですが、双極性障害の人の割合は0.7％くらいと言われています。

うつ病は一過性のものであるのに対し、双極性障害は躁状態とうつ状態を何度も再発するので、うつ病に比べて、発症頻度が少ない割には、病院に通院している患者の数は多いと考えられます[11]。

3. うつ病

厚生労働省が3年ごとに行っている患者調査では、うつ病を含む気分障害の患者が近年急速に増えていることが指摘されています。

うつ病が増えている背景には、次のように様々な理由が考えられます。

①うつ病についての認識が広がって受診する機会が増えている

②社会・経済的など環境の影響で抑うつ状態になる人が増えている

③うつ病の診断基準の解釈が広がっている

「憂うつな気分」や「気持ちが重い」といった抑うつ状態がほぼ一日中あってそれが長い期間続く、というのはうつ病の代表的な症状です[12]。

---

11) 厚生労働省ホームページ：https://www.mhlw.go.jp › kokoro › know › disease_bipolar. html

　たとえば、うつ病には、無気力・意欲減退、劣等感、後悔、愚痴っぽい、心配性、取り越し苦労、イライラ感、人に会いたくない、集中力希薄、決断できない、自殺、念慮、妄想観念などがあります。[図表4-2] と [図表4-3] にうつ病のサインを挙げておきます。

　ごく軽いうつ病なら「心の風邪」のように、かなりの人がかかるものです。なりやすい状況は、入試、進学、就職、負傷、災害、手術、結婚、愛情のもつれ、親しい人との離別、留学、引っ越しなど生活上の変化に見られます。

　うつ病の治療には大きく分けて、薬物療法と心理療法の２種類ありますが、日本で主流なのは薬物療法です。うつ病と判断された場合には一般に抗うつ薬による治療が行われます。ただし、典型的なうつ病でも軽症の場合は薬の効果がそれほど期待できないこともあるので、薬物療法が絶対であるというわけではありません。

　心理療法では、うつ病患者は、決して激励してはいけないことになっています。

　激励することは、「マラソン競争で疲れ果てているのにもっと走り続けよ」

[図表 4-2] うつ病のサイン：自分で気づく変化

① 悩みや心配事が頭から離れない
② 仕事への意欲や集中力が鈍る
③ 考えがまとまらず、堂々巡りし、決断できない
④ 気分が落ち込み、楽しくない
⑤ 何もしたくないし、今まで興味があったことにも関心がない
⑥ 適性や能力がないので、仕事をやめたいと思う
⑦ 様々な身体症状が出現 　睡眠障害（寝つきが悪く、途中や朝早く目が覚める）、からだがだるく疲れやすい（朝方に症状が強い）、頭重感、頭痛、めまい、食欲低下、吐き気、微熱など
⑧ その他の症状 　自分を責め価値がないと思う。将来に対して悲観的、自傷や自殺の考え

出所：産業医科大学産業生態科学研究所編『職場のメンタルヘルス対策』（中央労働災害防止協会、2009 年）。

---

12)　厚生労働省ホームページ：https://www.mhlw.go.jp › kokoro › know › disease_depressive.html

[図表 4-3] うつ病のサイン：周囲が気づく変化（以前の状態との比較）

①	以前に比べ表情が暗く、元気がない
②	仕事の能率が低下
③	積極性や決断力が低下
④	凡ミスや事故が増加
⑤	遅刻、欠勤、早退の増加
⑥	周囲の人との会話や交流の減少
⑦	様々な身体症状（頭重感、めまい、倦怠感、筋肉痛、関節痛など）を訴え、病院に行くことが増える

出所：産業医科大学産業生態科学研究所編・前掲［図表 4-2］。

と言うようなもので、逆に心に負担をあたえ、症状を増悪させることになります。うつ状態にある者に必要なのは、休息と医療と保護です [13]。

4. 神経症（ノイローゼ）

　神経症は、ドイツ語でノイローゼ（Neurose）、英語でニューロシス（neurosis）と言います。神経症とは、精神的なストレスが原因で心身の異常が生じる状態のことです。神経症には、特有のパーソナリティが認められて、一定のストレスによっても神経症にかかりやすい人とかかりにくい人とがあります。

　ひと口で言うと、神経症の人は、小心で、些細なことに神経を使いすぎ、くよくよしすぎる、心配性です。こんなことに気を使わないほうがいいと思っていても気にしすぎる人です。

　神経症は主な症状によって［図表 4-4］のように分類されています。

[図表 4-4] 主な神経症とその症状

①	不安神経症	：持続的な不安・緊張
②	強迫神経症	：頻回の確認行為や洗浄行為
③	抑うつ神経症	：慢性的な憂うつ感、やる気のなさ
④	心気神経症	：病気に対する極端な心配
⑤	恐怖神経症	：対人恐怖、人混み恐怖
⑥	ヒステリー	：失声、失立失歩、健忘

出所：大西守ほか編著『産業心理相談ハンドブック』（金子書房、1998 年）〔田中克俊筆〕。

---

13)　藤井・前掲注9）37頁。

5.　心身症

　心身症とは精神的な因子が、ある程度、発病や経過に関与している身体疾患の総称です。過剰なストレスが発病に関与し、ストレス病、心労の多い管理職によく見られるのでマネージャー病、また自律神経系を介して症状が形成されるので自律神経失調症とも言われたりしています[14]。

　「病は気から」という言葉があるように、すべての病気は多かれ少なかれ社会的・心理的な影響を受けているものですが、特に神経性皮膚炎、関節リウマチ、気管支喘息、本態性高血圧症、消化性潰瘍、潰瘍性大腸炎、甲状腺機能亢進症は Seven holy diseases（7つの聖なる病）と呼ばれ、以前から代表的な心身症とされています[15]。

　腹が立ち、怒ると、顔面が紅潮し瞳孔が開き血圧は上がり、不安感が強まると、顔面は蒼白になり胃は痛み下痢をするといったことは、日常の生活でよく体験することです。

　心と身体は密接な関係にあり、不安な精神状態が続くと、それに対応する身体的な変化が持続し、やがて器質的な変化をもたらします。心身症者は仕事や周囲の者に気配りし、職務に過剰適応する傾向と、自分の悩みをうまく話せない傾向があります。

　一般に、心身症は職務や周囲の者への気配りのしすぎによる過剰適応に起因することが多いと言われており、職務の軽減、職場や家庭での対人関係の調整、生活習慣を規則的にするなどのアドバイスや、レクリエーションに誘って気分転換を図らせることが大切です[16]。治療に関しては、精神科・心療内科の対応となります

　[図表4-5] に典型的な心身症をいくつか紹介しておきます。

6.　境界性パーソナリティ障害

　境界性パーソナリティ障害は、広くパーソナリティ障害と呼ばれる精神疾患

---

14)　藤井・前掲注9）22頁。杉渓一言ほか編著『産業カウンセリング入門』123頁（日本文化科学社、1995年）〔松原達哉筆〕。

15)　山本晴義『ストレス教室』16～17頁（新興医学出版社、1996年）。

16)　杉渓ほか編著・前掲注14）123頁。

[図表4-5] 心身症であることが多い病気・症状

①	消化器系―胃・十二指腸潰瘍、慢性胃炎、過敏性大腸症候群、神経性食欲不振、潰瘍性大腸炎
②	循環器系―本態性高血圧症、低血圧、狭心症、心臓神経症、不整脈、頻脈
③	呼吸器系―気管支喘息、過換気症候群、神経性咳そう、空気飢餓、しゃっくり
④	腎・泌尿器系―夜尿症、インポテンツ、神経性頻尿
⑤	内分泌系―肥満、糖尿病、甲状腺機能亢進症
⑥	神経系―頭痛、自律神経失調症、めまい、冷え性、慢性疲労
⑦	産婦人科領域―月経困難症、更年期障害、不感症
⑧	皮膚系―神経性皮膚炎、アトピー性皮膚炎、円形脱毛症、多汗症、慢性蕁麻疹
⑨	骨・筋肉系―慢性関節リウマチ、全身性筋痛症、痙・頸肩腕症候群
⑩	口腔領域―口臭症、舌痛症、義歯神経症
⑪	耳鼻咽喉科領域―メニエール症候群、アレルギー性鼻炎、耳鳴り、乗り物酔い、どもり
⑫	眼科領域―眼精疲労、眼瞼下垂、眼瞼けいれん
⑬	手術前後の状態―腹部手術後愁訴、頻回手術、形成手術後神経症
⑭	小児科領域―小児喘息、起立性調節障害、仮性貧血、心因性発熱、チック、夜驚症

出所：山本晴義『ストレス教室』（新興医学出版社、1996年）。

に含まれる病気です。境界性というのは、神経症と精神病の境界にあるということを意味しています。

　パーソナリティ障害は、もののとらえ方や考え方が偏り、感情や衝動のコントロールがうまくできなく、結果として人との付き合い方に支障がでる障害です。

　具体的には、会社や団体などの社会集団が持つマナー、常識、暗黙の規範に大きくはずれた言動が見られる障害です。

　以前は「人格障害」とも呼ばれていました。しかし、この病名では、性格の悪さが原因のような誤解を与えかねないところから、最近では「境界性パーソナリティ障害」と呼ばれるようになりました[17]。

　パーソナリティ障害は、心理学的な意味のパーソナリティとも、一般的な意味の「個性」に近いパーソナリティとも性質が異なるものです。この障害は、

---

17) サイコセラピー研究所ホームページ：https://www.allin1.co.jp/service/psychotherapy/borderline-personality-disorder/

治療によって徐々に改善することが期待できる精神疾患です。

　パーソナリティ障害の特徴としては、発達期から（遅くとも思春期から成人期早期から）その徴候が認められること、認知、感情、衝動コントロール、対人関係といったパーソナリティ機能の広い領域に障害が及んでいること、その徴候が家庭や職場など広い場面で見受けられるなどを挙げることができます[18]。

COLUMN 8　　　　　　　　　　　　**HSP とは**

・・・

　HSP とは、Highly Sensitive Person の略で、「とても敏感な人」という意味の、アメリカの心理学者エレイン・N・アーロン（Aron, E.）が自身の気質を研究して見つけ出した概念である。

　様々な刺激に対して過剰に反応してしまう気質を先天的に持っているということで、性格でもなく、病気や障害でもない。

　アーロンは 1991 年から現在まで高敏感性（高感受性）に関する研究を続けており、科学的な専門用語としては　感覚処理感受性（Sensory-Processing Sensitivity : SPS）と呼んでいる[注1]。

　HSP は人種や性別に関係なく、人口の 15 〜 20％程度いると言われている。5 人に 1 人という割合であるから、かなり多いということがわかる。

　HSP の四大特徴である"DOES"（ダズ）は、以下の 4 つの頭文字からきている。

　一つでも当てはまらないものがある場合は、HSP ではないと考えられている。

　そもそも HSP は様々な刺激に敏感であり、五感だけではなく、他人の感情や雰囲気などを察することにも長けている。そのため他人の気持ちにも共感した

D : Depth of Processing	深く処理する
O : Overstimulation	過剰に刺激を受けやすい
E: Emotional Reactivity（including Empathy）	感情豊か、共感力が高い
S: Sensitivity to Subtle Stimuli	些細な刺激に感じやすい

　出所：心理学者トム・ファルケンシュタイン（Falkenstein,T.）の記事 *"What It Means to Be a Highly Sensitive Person"*（https://www.psychologytoday.com/us/blog/the -highly -sensitive-person 2019/12/10）より作成。

---

18)　厚生労働省ホームページ：https://www.mhlw.go.jp/kokoro/know/disease_personality.html

りしやすく、心の"境界線"が薄く、人の影響を受けやすいのでその結果、疲れやすくなってしまう。また、人や環境が発する微細なサインを受け取るので、直観力に優れているという特徴がある。

　仕事をしていて困難に直面している HSP の人たちはどういったことを心がけたらよいのか。長沼^(注2) によれば、「敏感さが増強する背景には慢性ストレスによる慢性炎症が関係しているので、それを防ぐことが必要である。ストレスには頑張るストレスと我慢するストレスがあるとされている。その自覚がないまま長い間過ごしていると、いつの間にか身体の恒常性が破綻しかねないので、慢性ストレスはサイレントキラー（silent killer）と呼ばれたりする。恒常性が破綻する前に気付いて、頑張りすぎや我慢しすぎを止めなければいけない。そのためには、動き続けたら休む、溜めたら吐き出すように、休んでは出すことを心がけることである。敏感な人は、不安や恐怖が強いので、どうしても本音を出さない、いい人／いい子でいたがる。休めない、出せないことが目立つ。その抑制を外すことが肝心である。」ということである。

注1：アーロンのホームページ「*The Highly Sensitive Person*」：https://hsperson.com/

注2：長沼睦男「医療から HSP ／ HSC を分析する」産業カウンセリング 383 号（2020 年）7 頁。

出所：日本産業カウンセラー協会「特集：HSP を理解する」産業カウンセリング 383 号（2020 年）3 ～ 5 頁。

4 職場のメンタルヘルスケアの仕組みとは

Q 職場のメンタルヘルスケアの仕組みはどうなっていますか。

A セルフケア、ラインによるケア、事業場内産業保健スタッフ等によるケア、事業場外資源によるケアの4つのケアがあります。

1. 4つのケア

　メンタルヘルスケアの仕組みは、次の4つのケアから成り立っています[19]。

　すなわち、セルフケア、ラインによるケア、事業場内産業保健スタッフ等によるケア、事業場外資源によるケアの4つです。

　第1のケアは労働者自身がストレスや心の健康について理解し、自らのストレスを予防、軽減あるいはこれに対処する「セルフケア」です。セルフケアの推進のために、事業者は、労働者への教育研修および情報提供を行い、事業場の実態に応じた相談体制の整備を行う必要があります。

　第2のケアは労働者と日常的に接する管理監督者が、心の健康に関して職場環境等の改善や労働者に対する相談対応を行う「ラインによるケア」です。管理職は労働者からの相談対応に努めることが求められています。ここでは通常、気配り→気づき→声かけがなされます。ラインによるケアはメンタルヘルスの鍵を握る最も重要なケア段階です。労働者がかかえるメンタルな問題内容は各企業の状態、社会の動向、立地条件などにより様々です。また、それは決して精神障害に関連する内容とは限りません。かかえる問題の大部分は声かけに対する応答を聞くだけでかなり解消されます。

　第3のケアは事業場内の産業医等事業場内産業保健スタッフ等が、事業場の心の健康づくり対策の提言を行うとともに、その推進を担い、また、労働者および管理監督者を支援する「事業場内産業保健スタッフ等によるケア」です。これは社内の諸資源との協力連携によるケアです。産業医・保健師・看護師な

---

19)　独立行政法人 労働者健康安全機構「職場における心の健康づくり～労働者の心の健康の保持増進のための指針～」7～8頁（2019年）。(https://www.mhlw.go.jp/content/000560416.pdf)。

ど産業保健スタッフがいる事業場の場合は、健康管理室（産業保健スタッフ）が相談窓口となり、本人や管理監督者からの相談を受け、治療・休養の必要性を判断することや、医療機関への紹介を行うことになります。特に心理相談担当者や産業カウンセラーはカウンセリングの諸技法を駆使して、心の深い部分に接近します。

　一方、産業保健スタッフがいない事業場の場合は、衛生管理者あるいは人事労務担当者、メンタルヘルス推進担当者、上司が相談窓口となり、医師による治療が必要か否かの判断をする必要に迫られる場合があります。治療が必要な場合は、適切な医療機関（精神科・心療内科、なければかかりつけ医）や地域産業保健センターなどへ相談し、連携しながら対応を進めていくことになります。

　第4のケアは職場外の機関および専門家を活用し、その支援を受ける「事業場外資源によるケア」です。これは社外の専門諸資源の協力によるケアです。利用頻度の高い資源として、専門医療機関や都道府県産業保健推進センター、地域産業保健推進センター、日本弁護士連合会の各地区法律相談センターなどの公的相談機関などがあります。また、近年は EAP（Employee Assistance Program：従業員支援プログラム）が活用されています。

2. EAP とは

　EAP とは、事業場と契約して従業員のメンタルヘルスに関する相談やコンサルテーション、ストレス評価、教育・研修などを行っている民間のサービス機関です。

　従業員は自分の悩みを社内の人に知られることなく、専門家に相談することができます。

　もともと EAP は、アルコール依存、薬物依存が深刻化したアメリカで、これらによって業務に支障をきたす社員が増加したことに対応するために 1960 年代に発展したもので、日本においても 1980 年代後半から少しずつ浸透してきています。社員の抱える問題、職場の抱える人間関係などの問題を個人的問題として処理して来た日本の企業でも、これらの問題が出現したときの対応コストをリスクマネジメント（リスク管理）として考え、あるいは、さらに一歩進んで CSR（企業の社会的責任）の一貫と考え、EAP を導入する企業が増えて

きています [20)]。

　このサービスの特徴は、労働者が抱える職場のストレスや対人関係、各種の
ハラスメントから育児や介護といった家庭問題まで、個人の様々な負担を解消
するための具体的な対策を検討し、生産性の維持・向上を支援する点にありま
す。すなわち、メンタルヘルス不調の発生以前に原因となりうる状態を解決す
ることを重視しています [21)]。

3.　メンタルヘルスケアの積極的な推進

　以上挙げた４つのケアが継続的かつ計画的に行われることが重要です。また、
４つのケアが適切に実施されるよう、事業場内の関係者が相互に連携し、以下
の取り組みを積極的に推進することが効果的です。

①メンタルヘルスケアを推進するための教育研修・情報提供（管理監督者を
　含む全ての労働者が対応）

②職場環境等の把握と改善（メンタルヘルス不調の未然防止）

③メンタルヘルス不調への気づきと対応（メンタルヘルス不調に陥る労働者の
　早期発見と適切な対応）

④職場復帰における支援（労働者に対する支援を実施）

　なお、メンタルヘルスケアの推進に当たっては、事業者が労働者の意見を聴
きつつ事業場の実態に即した取り組みを行うことが必要です。「心の健康づく
り計画」の策定はもとより、その実施体制の整備等の具体的な実施方法や個人
情報の保護に関する規程等の策定等に当たっては、衛生委員会等において十分
調査審議を行うことが重要です（労働者の心の健康の保持増進のための指針：3）。

---

20)　西大輔「EAP/ 社員支援プログラム」厚生労働省 e- ヘルスネット（2020 年 2 月）。
　　（https://www.e-healthnet.mhlw.go.jp/information/dictionary/heart/yk-085.html）。
21)　産業医科大学産業生態科学研究所編『職場のメンタルヘルス対策』37 頁（中央労働災
　　害防止協会、2009 年）。

5　ストレス（Stress）とは何か

Q ストレスとはどういうことですか。

A 一般には精神的緊張の意味で用いられていますが、本来は、外から
の刺激に対する生体側のゆがみ、そして、その刺激に対抗しようと
する生体側の反応です。

1. ストレスとは何か

　現在使われている意味でのストレスという言葉の生みの親は、カナダの生理
学者、セリエ（Selye, H. 1907 ～ 1982）です。

　ストレスという用語は、元来は工学用語で「歪み圧力」の意味で使われてき
ました。

　これをセリエが、生体に影響する環境刺激に対して生体が示す反応に対して
用いたのが、ストレス科学の始まりです。

　セリエによれば、ストレスとは、「あらゆる要求に対し、生体が起こす非特
異的反応」であり、「ストレスを生じさせる刺激」がストレッサー（stressor）
です。

　ストレス症候群は、心理的・社会的ストレッサーが多く、しかもストレス反
応が長く続くことによって起こると考えられています[22]。

2. ストレッサーの種類

　セリエは、ストレスの動物実験で 2,000 種類にも及ぶ人為的なストレッサー
を加えています。現実社会のなかでは、音、光、風、季節の変動といった自然
のものから人間関係まで含めて、ありとあらゆるものがストレッサーです。人
間は生まれてから死ぬまで、常にストレッサーのなかで生き続けています。

　したがって、最適のストレスを達成するための方法の一つとして、ストレッ
サーをいかにコントロールするかが重要となります。それにはまずストレッ

---

22)　中央労働災害防止協会編『心理相談員養成研修テキスト』191 頁（1994 年）。

サーについて理解すること、そして自分のストレスレベルを過剰にしてしまう
ストレッサーには何があるか、それを知ることが必要です。

　代表的なストレッサーを［図表4-6］に挙げておきます。

［図表4-6］ストレッサーの分類

① 物理的ストレッサー 　温度（例：冷暖房）、光（例：証明、VDT^(注)）、音（例：騒音）、局所的な身体 　の使用など ② 化学的ストレッサー 　煙草、炭酸ガス、塵芥、臭気など ③ 生物学的ストレッサー 　細菌、ウイルスなど ④ 心理的ストレッサー 　不安、怒り、喜び、悲しみなど ⑤ 社会的ストレッサー 　横の関係（職場、家庭）、縦の流れ（ライフサイクル、生活上の変化）

（注）VDT（Visual Display Terminal）とはコンピューターなどモニターディスプレイとキーボー
　　ドなどの端末のことをあらわす。VDTを使った長時間の作業により、目や身体や心に影響の
　　でる病気のことをVDT症候群と言う。
出所：東京ストレスマネジメント編『ストレス活用法』（1996年）。

3. ストレスの原因

（1）　価値観の多様化

　昨今のように価値観が多様化し、職場内だけでなく家庭内関係がぎくしゃく
し、夫婦関係、親子関係、嫁姑関係、兄弟関係などをめぐる各種の葛藤が発生
し、また、家庭外対人関係も干からびた人間関係のもとで対立、非協力、葛藤、
紛争などが多発し、それらが深化するにつれ、家庭破壊へと発展していくこと
もあり得ます。

　このように、人生で出会う種々のリスクは、私たちにストレスを与え、時に
疾病をもたらすことがストレスマネジメントの研究から明らかにされています。

（2）　社会再適応評価尺度

　アメリカの精神医学者ホームズ（Holmes, T. H.）とラーエ（Rahe, R. H.）は、
日常生活のなかのストレスの度合いを点数で示しました。

これは、1967年にホームズとラーエの開発した社会再適応評価尺度（The Holmes & Rahe Life Stress Inventory － The Social Readjustment Rating Scale）[23] としてよく知られるもので、現代生活のなかの様々なストレッサーのうち、個人の一生に起こるライフイベント（生活上の大きな出来事）が、どの程度の負担、消耗を導くかを示しています。

すなわち、ライフイベントが生じた場合、社会再適応するのに必要な心的エネルギーを、たとえば「結婚」を50点として数量化するものです。

そして、1年間のライフイベントの合計点数が高くなるに従って、病気に罹患する率が上がることを報告して注目を集めました。

社会再適応評価尺度によると、たとえば、もっともストレスが高いのは「配偶者の死」となっています。これを満点の100点とすると、「離婚」は73、「夫婦別居」は65、「留置所拘留」は63という結果が出ました。アメリカでの事情と日本のそれとは異なる面もありますが、興味深い結果だと思います。

しかし、この方法は、イベントに対する個々人の受け取り方に考慮を払っておらず、結果に矛盾を生じたため、後日、批判の的になりました[24]。

(3) 勤労者のストレス点数のランキング

社会再適応評価尺度は、過去のしかも文化的背景が異なるアメリカのデータを元に作成されたもので精密ではないことから、これを改良し、日本の勤労者の性別のストレス度をライフイベントごとに点数つけしたのが「勤労者のストレス点数のランキング」[図表4-7] です。

---

23) ホームズとラーエは、5,000人を超える人々に面接し、身体疾患の発症に先立つ生活上の重要な出来事43を抽出し、さらに394人の男女に、結婚生活の適応に要した負担の程度や時間を50点とした場合、それぞれの項目のライフイベントは何点くらいのストレスに相当するかを評価してもらい表を作成した。この結果、1年以上にわたって200～300点が負荷された場合には、その翌年には、半数以上の者は心身に何らかの問題を生じ、300点以上の場合には80％の人々が翌年病気になることが見出されている。すなわち、社会的ストレスが増すと重大な健康障害を起こしやすいと指摘した（東京ストレスマネジメント企画・監修『STRESS MANAGEMENT WORKBOOK―WHAT'S STRESS』17頁（1991年）。（http://en.wikipedia.org/wiki/Holmes_and_Rahe_stress_scale）。

24) Palmer,S. and W. Dryden. *Stress Management and Counselling : Theory, Practice, Research and Methodology*, CASSELL PLC, 1996（内山喜久雄監訳『ストレスマネジメントと職場カウンセリング』16頁（川島書店、2002年））。

[図表4-7] 勤労者のストレス点数のランキング

順位	ストレッサー	全平均	男	女	順位	ストレッサー	全平均	男	女
1	配偶者の死	83	83	82	36	子どもの受験勉強	46	44	53
2	会社の倒産	74	74	74	37	妊娠	44	43	50
3	親族の死	73	71	78	38	顧客との人間関係	44	44	47
4	離婚	72	72	72	39	仕事のペース、活動の減少	44	45	43
5	夫婦の別居	67	67	69	40	定年退職	44	44	42
6	会社を変わる	64	64	62	41	部下とのトラブル	43	43	45
7	自分の病気や怪我	62	61	67	42	仕事に打ち込む	43	43	44
8	多忙による心身の疲労	62	61	67	43	住宅環境の大きな変化	42	42	45
9	300万円以上の借金	61	60	65	44	課員が減る	42	42	43
10	仕事上のミス	61	60	65	45	社会活動の大きな変化	42	41	43
11	転職	61	61	61	46	職場のOA化	42	41	45
12	単身赴任	60	60	60	47	団らんする家族メンバーの大きな変化	41	40	44
13	左遷	60	60	59	48	子どもが新しい学校に変わる	41	40	45
14	家族の健康や行動の大きな変化	59	58	63	49	軽度の法律違反	41	40	43
15	会社の建て直し	59	59	58	50	同僚の昇進・昇格	40	40	37
16	友人の死	59	58	63	51	技術革新の進歩	40	40	41
17	会社が吸収合併される	59	59	58	52	仕事のペース・活動の増加	40	41	39
18	収入の減少	58	58	57	53	自分の昇進・昇格	40	40	41
19	人事異動	58	58	58	54	妻（夫）が仕事を辞める	40	35	61
20	労働条件の大きな変化	55	54	56	55	職場関係者に仕事の予算がつかない	38	38	38
21	配属転換	54	54	55	56	自己の習慣の大きな変化	38	37	42
22	同僚との人間関係	53	52	57	57	個人的成功	38	37	40
23	法律的トラブル	52	52	51	58	妻（夫）が仕事を始める	38	38	37
24	300万円以下の借金	51	51	55	59	食習慣の大きな変化	37	36	42
25	上司とのトラブル	51	51	50	60	レクリエーションの減少	37	37	36
26	抜擢に伴う配属転換	51	51	52	61	職場関係者に仕事の予算がつく	35	35	33
27	息子や娘が家を離れる	50	50	50	62	長期休暇	35	34	37
28	結婚	50	50	50	63	課員が増える	32	32	32
29	性的問題・障害	49	48	50	64	レクリエーションの増加	28	27	30
30	夫婦げんか	48	47	52	65	収入の増加	25	25	23
31	新しい家族が増える	47	46	52					
32	睡眠週間の大きな変化	47	47	50		私の耐えられるストレス度は	74	74	72
33	同僚とのトラブル	47	45	54		私の現在のストレス度は	49	48	53
34	引っ越し	47	46	50					
35	住宅ローン	47	46	50					

（注）上記の表は、1,630名（男性1,322名、女性308名）の勤労者を対象に、結婚によるストレス度50点とし、これを基準に0〜100点で各ストレッサーについてのストレス度を自己評価させたものである。項目ごとに平均値を求めてストレス点数と仮称した。点数が高いほどストレス度が強い。

出所：夏目誠「ストレス度とストレス耐性点数」産業ストレス研究4巻1号（1997年）。

この表から、家族や人間関係のストレス、あるいは仕事関連のストレスが上位にきていることがわかります。また、経済的な負担もストレスになるし、良いこと（昇進）も悪いこと（失業）もともにストレス度は高く、ストレスのかかり方は、等しく私たちの健康状態に作用することと言えます。

4. 最適のストレス

（1） ストレスレベル

ストレスは、ストレッサーの内容やそれを受け止める側のとらえ方によって、快適に感じられる場合もあれば、不快に感じられる場合もあります。

しかし、どんなによいストレッサーであっても、喜びのあまり、心臓発作で倒れるといったこともあるように、必ずしも、私たちの心身にとって有用であるとは限りません、あるいは、ある程度のノルマというストレッサーが、その人の“やる気”を促すこともあれば、逆に、重圧としてのしかかり、慢性的な不安や抑うつ感、胃潰瘍といった心身の症状をもたらすこともあります。

ストレスは、私たちにとって有効に働くこともあれば、有害なものとなる場合もあるわけです。

これは、ストレスそのものではなく、ストレッサーの強さや量、あるいは、個体との関係において、その結果生じるストレスの程度にかかっています。

適度の負荷は、たとえば、スポーツ選手のトレーニングが筋力の強化や循環機能の向上に役立つことや、あるいはノルマや任務がビジネスマンの営業力の推進力となるように、私たちの心身を刺激し、推進能力を高めます。

しかし、その負荷が大きすぎると、筋力や心臓を痛めたり、緊張のあまり思考力が衰えたり、慢性的な不安から、ついには様々な疾病へという結果を導いたりするわけです。このストレスの程度のことを、ストレスレベルと言います。

（2） 最適のストレスレベル

ストレスレベルは、ストレッサーが加わると、その刺激の程度に応じて上昇し、そのストレッサーが取り除かれると再び低下して、もとの平常レベルに戻るといった具合に、ストレッサーやそれを受ける心身の状態などに応じて刻々と変化しています。

　ストレスレベルの変化は非常に微妙なもので、上昇と低下は無意識のうちに繰り返されていますが、この上昇の度合が大きいと、過緊張や疲労感となって意識されます。普通、このサインを受けて、私たちは休養をとり、自然にバランスが保たれます。

　ところが、こうしたサインを無視して、ストレスレベルを高いままに放置しておくと、次第に、ストレスのサインにすら気づかなくなり、やがて病気という形でツケが回ってきます。

　高すぎるストレスレベルが原因となるのと同様、低すぎるストレスレベルのもとでも、私たちの遂行能力は損なわれます。

　たとえば、私たちはお風呂でゆっくりくつろいでいる時と同じ状態のまま、困難な仕事に向かっていくことはできません。「ストレスは人生のスパイスである」（"Stress is the spice of life"）というセリエの言葉を借りれば、低すぎるストレスレベルのもとでの生活は、スパイスのない料理のようなものです。すなわち、物事を遂行していくうえでは、ストレスレベルは高すぎても低すぎても望ましくない、ストレスレベルには適度のレベルといったものが存在するわけです。これを最適のストレス（optimal stress）と呼びます。

　[図表4-8] は、ストレスレベルと生産性との関係を図式化したものです。ここでいう生産性とは、単に仕事上の業績に限らず、生活のあらゆる場面での遂行能力を指します。最適のストレスレベルの位置は、個人によって異なりますが、次のことは、すべての人に共通です。

　①人は、最適のストレスレベルにある時、最大の効果を生む

　②ストレスマネジメントによって、最適のストレスレベルを保つことが可能になる

　参考までにストレスのチェックリストを [図表4-9] に掲げておきます。

[図表 4-8] ストレスレベルと生産性の関係

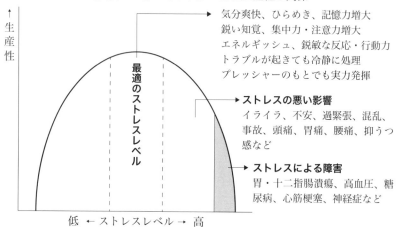

気分爽快、ひらめき、記憶力増大
鋭い知覚、集中力・注意力増大
エネルギッシュ、鋭敏な反応・行動力
トラブルが起きても冷静に処理
プレッシャーのもとでも実力発揮

ストレスの悪い影響
イライラ、不安、過緊張、混乱、
事故、頭痛、胃痛、腰痛、抑うつ
感など

ストレスによる障害
胃・十二指腸潰瘍、高血圧、糖
尿病、心筋梗塞、神経症など

生産性

最適のストレスレベル

低 ← ストレスレベル → 高

出所：東京ストレスマネジメント企画・監修『*STRESS MANAGEMENT WORKBOOK—
WHAT'S STRESS*』（1991 年）。

[図表 4-9] ストレスのチェックリスト

次の項目のうち、あなたにあてはまるものにチェック印をつけてください。
- □　約束の時間には絶対間に合うようにしている
- □　何でも完全にはしないと気がすまない
- □　食べるのも歩くのも仕事をするのも何でも速い
- □　いいかげんな人を見ると無性に腹が立つ
- □　難しい問題にぶつかった時、何でも自分ひとりで解決しようとする
- □　人間はあらゆることにベストを尽くすべきだ
- □　仕事の出来ばえや自分自身の能力について、いつも人から認めてもらいたい
- □　常に何事にも責任を感じてしまう
- □　いつも人に勝とう、人よりうまくやろうと努力している
- □　人は常に正しく生きなければならないと思う

　　あてはまる項目の合計数　　＿＿＿＿＿＿項目

- □　大事なことを先に延ばしてしまいがちだ
- □　過去の失敗を思い出して、何も手がつかなくなることがある
- □　失敗を恐れて、したいことも諦めてしまう
- □　人に言われたことをよく気にかける
- □　ミスをした時、自分はダメな人間だと思う
- □　周囲の人は自分を誤解していると感じている
- □　人は、いかなる時も怒ってはいけないと思う
- □　何でもよく迷い、決断が遅い
- □　難しい問題にぶつかると、うまくいかないに違いないと思ってしまう
- □　自分の感情を押し殺してしまうほうだ

　　あてはまる項目の合計数　　＿＿＿＿＿＿ 項目

> 闘うか逃げるかの反応パターンがストレスレベルを上げる

　上の20項目は、ともにストレッサーをより多く、より強く感じてしまいがちな人の認識のパターンを表したものです。

　私たちが刺激や変化に出会って、そこでストレスを生じてしまうかどうかは、いわば、私たちが刺激に対し、"闘うか逃げるか"の反応を起こすかどうかだと言い換えることができます。上のリストの上段10項目は、このうち、主にストレッサーを"闘争"的に選びやすい人のパターンの例を挙げたものです。下段の10項目は"逃避"のパターンの例を挙げたものです。あなたの結果はどうでしたか？

　それぞれ5項目以上に該当した場合は、その傾向が比較的強いことを示します。

出所：東京ストレスマネジメント企画・監修『*STRESS MANAGEMENT WORKBOOK—WHAT'S STRESS*』（1991年）。

6 ストレスマネジメント (Stress Management) とは

> **Q** ストレスマネジメントとはどういうことですか。
> **A** 「ストレスと上手につきあうための知恵」ということです。

1. ストレスマネジメントとは

　現在、私たちを取り巻く社会環境は著しい変化を遂げています。マルチメディアをはじめとする高度情報社会の加速、国際化における経済環境の変化、価値観の多様化と人間関係の複雑化などです。

　私たちは、このような環境を積極的に受け入れ、健康で豊かな生活をエンジョイするための知識や技術が必要になっています。また、この変化に満ちた時代を生き抜くためには、しっかりとしたストレス対処能力を身につけておくことが求められています。

　人生100年時代の長寿社会において、いかにゆとりある老後を送るかの生活設計（ライフプラン）とその対策を真剣に考え始めることは重要ですが、これからの生活設計は、経済プランだけでなく、生きがい開発とか心の健康設計も考えることが必須です。特に、心の健康設計の重要なポイントがストレスマネジメントです。

　ストレスマネジメントとは、一言でいえば、「ストレスと上手につき合うための知恵」です。

2. ストレスマネジメントの領域

　ストレスマネジメントは自己のストレスに気づき、バランスをとることによってエネルギーを蓄積することが目的です、この目的を達成するための領域を表したものが［図表4-10］です。

　若干の説明を加え、ストレスマネジメントの外観を把握するのに役立てたいと思います。

[図表4-10] ストレスマネジメントの領域

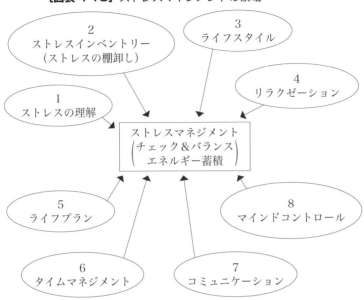

注：Stress　Management ／ストレスマネジメントおよび Relaxation ／リラクゼーショ
　　ンは東京ストレスマネジメント社の登録商標である。本書で紹介しているストレス
　　マネジメントおよびリラクゼーション・テクニックは、東京ストレスマネジメント
　　社が開発した教材等を同社の許諾を得て引用し、まとめたものである。
出所：ストレスマネジメント指導者協会編『ストレスマネジメント概論』(1996 年)。

(1)　ストレスの理解

　ストレスの理解の仕方によってストレスへの対処法が変わってきます。スト
レスを正しく理解することによって、ストレスの過剰な反応やストレスと戦っ
たり、抵抗することが無用であることに気づいたり、誤ったストレス解消法に
気づきます。

(2)　ストレスインベントリー

　ストレスの自己認知のためのツールです。このインベントリーの目的は、自
分のストレスを「棚おろし」し、ストレスの程度と症状およびストレスの影響
を明らかにすることです。

（3） ライフスタイル

　睡眠、運動、食事、飲酒、喫煙、生活リズムなどの生活習慣はストレスの影響を受けています。また、生活習慣そのものがストレス耐性の重要な位置を占めています。

（4） リラクゼーション

　リラックスというと、単に気分の問題だと思われがちですが、実は、からだにもいろいろな変化が起こっています。たとえば、呼吸数や心拍数が減少し、血圧は正常に戻ります。つまり、私たちはリラックスすることによって、ストレスを和らげ、平静でリフレッシュした状態を取り戻すことができます。

　リラクゼーションは、ストレスをコントロールする最も有効な手段の一つとして挙げられます。

　また、ストレッチ体操や各種の運動、瞑想や自律訓練法[25]などにもリラクゼーション効果が認められています。

（5） ライフプラン

　人生の設計図が明確に描けていて、自己の目標に向かってエネルギーを集中することができれば人生は充実感に満ちたものとなります。人生の出来事に対して不必要に反応することもなく、ストレスを高めてしまうこともありません。

（6） タイムマネジメント

　時間の無駄使いに気づき、エネルギーを効率よく使っていくことが必要です。また、物事の優先順位を明確にすることや時間の自己管理を徹底することも重要です。

---

25) 自律訓練法（Autogenic Training）とは、1932 年にドイツの精神科医シュルツ（Schultz, T. H. 1884 ～ 1970）によって創始された自己催眠法であり、治療技法である。自律訓練法はストレスを解消して不安や緊張をほぐし、筋肉を弛緩させ自律神経系の働きのバランスを整え、内臓機能を高める効果がある。

（7）　コミュニケーション

　人間関係が悪いからストレスが高くなるのではなく、ストレスが高いままコミュニケーションをとるから人間関係に障害が起こっていることが間々あります。コミュニケーションのスタイル、パターンなどのセルフアセスメント（self-assessment：自己評価）を行い、肯定的なコミュニケーション法を身につけることが大切です。

（8）　マインドコントロール

　ストレスは外側からだけでなく、自己の内側でつくられます。自己の考え方や行動パターンを認識し、過剰なストレスをつくらないための手法を身につけることが重要です。

7 効果的なストレスのコントロール法とは

Q ストレスのコントロール法にはどのようなものがありますか。

A レスト（Rest：休息）、レクリエーション（Recreation：気ばらし）、リラクゼーション（Relaxation）の3つのRが基本です。

1. 3つのR

　ストレスコントロールの原則は3つのRで表せます。①レスト（Rest）、②レクリエーション（Recreation）、③リラクゼーション（Relaxation）の3つです。これら3つを基本に、各人がライフサイクルの段階に応じて内容を追求していく必要があります。

　具体的に勤労者が個人で実行すべき心の健康管理、あるいはストレス症候群の予防法についてのポイントを挙げれば次のとおりです。

　①担当している職務を十分にマスターすること

　②職場の人間関係や交友を大切にすること

　③腹を割って悩みを話せる友人や信頼できる人を持つこと

　④趣味やスポーツなどを通じてストレス解消や気分転換を図ること

　⑤職務内容が変わっても、多くの人は時間の経過とともに慣れていくことが多い。そのため、「場数を踏む」、「場慣れをする」ことを通して、ストレス耐性を向上させること

　⑥心身の不調などの半健康状態にあるときは、十分に休息をとること

　⑦自己の性格を肯定的に受けとめること

　⑧職務組織のなかでの自己の役割や立場を客観的に把握できること

2. ストレス対処法

　個人レベルにおけるストレス対応の例を［図表4-11］に掲げておきます。

[図表 4-11] ストレスにおける対応の例

ストレスの除去と退避	直接的対応	長期的対応
①よく自己を知る ②よりよい労働生活の設計をする ③生活内容を豊かにする ④質のよい人間関係を維持する	①人間関係からストレスをうまく処理する技術を身につける ②自分の希望や期待を現実に合わせる ③推進システムとよい付き合い方をする	①トータル・ヘルス・ケアの実行と習慣化を図る ②人間関係を長く良好に保つ心構えが必要である。
これらのことは、多くのストレスを除いたり避けたりするために、ストレスの処理を検討し、解決するためのものである。	これらのことにより、他人に影響を与え、交渉する技術や決断力の養成、コンフリクト（もめごと）を処理する技術などが体得できる。	上記の点はストレスレベルが高く長期間続くときは、特に必要である。

出所：中央労働災害防止協会編『心理相談員養成研修テキスト』(1994 年)。

8 リラクゼーション法の基本とは

Q リラクゼーション法の基本にはどのようなものがありますか。

A 呼吸、瞑想、イメージ、暗示、運動などがあります。

1. リラクゼーション法の基本

　リラクゼーション法（「リラクゼーション反応法」とも呼ばれる）は、緊張を解き、ストレスの悪影響を和らげるために行われることがあります。目標はゆっくりとした呼吸、低い血圧、平穏な気分や幸福感を特徴とする、身体の自然なリラクゼーション反応を意識的に引き起こすことです[26]。

　従来から行われてきた、リラクゼーション法は次のような要素の、単純ないしはいくつかの組み合わせによっています。その基本要素は以下のとおりです。

［図表4-12］ リラクゼーション法の基本

①呼吸（深呼吸、特に腹式呼吸法）
②瞑想
③イメージ・暗示
④運動（柔軟な身体の運動）
⑤気持ちの持ち方（発想の転換や、こだわらない・とらわれない・取り越し苦労をしない、などの気持ちの持ち方、前向きのポジティブな心の姿勢など）
⑥快適な環境（快適な温度や湿度、精神的にはサポートされたり依存の満たされた状態など）
⑦快適な刺激（心地よい匂いや音楽、温浴・冷浴、精神的には褒められるとか達成する満足感など）
⑧適切な栄養（医食同源という言葉もある。また抗ストレス栄養素としては特にビタミンB類、ミネラル類が重要である。）
⑨感情の発散
⑩笑い・ユーモアなど

出所：中央労働災害防止協会編『心理相談員養成研修テキスト』（1994年）。

26）　厚生労働省「統合医療」情報発信サイト（eJIM）「健康のためのリラクゼーション法」（https://www.ejim.ncgg.go.jp/public/overseas/c02/11.html）。

2. リラクゼーションの実際

　具体的なリラックスの方法や技法には、実に様々なものがあります[27] が、簡単な方法としては、以下の三つに大別できます。

　①身体から心に働きかけ、作用するもの（気功法など）

　②心から身体に働きかけ、作用するもの（瞑想法など）

　③心身一如にトータルに作用するもの（自律訓練法など）

　ここでは、東京ストレスマネジメント社が開発したリラクゼーション・テクニックの一部を紹介することにします[28]。

（1）　方法

①　[図表4-13] のイラストのように、背筋を伸ばして楽に腰かけます。あぐらや座禅のポーズでもよいです

②　眠る時のように自然に目を閉じます。瞼や額に力を入れないように

③　ゆっくりと呼吸を始め、呼吸の音に意識を集中させます。息は鼻から吸って鼻から吐きます。呼吸のポイントは次のとおりです

　　・吐くほうから始めることがポイント。ゆっくりと、吐ききってください。

　　・吐き終わると自然に空気が入ってきます。吸う時もゆっくりと

④　もし、どこかに痛みやぎこちなさを感じたら、肩やお尻を少し動かしていちばん楽な姿勢を見つけること

⑤　そのまま静かに呼吸を続けます。様々なマインドのおしゃべりが始まるでしょうが、無理にそれらを追いやる必要はありません。何が現れてもよいです。ただ、呼吸のリズムや音を見失わないようにすること

⑥　時間がきたら、爽やかに目覚めます。音の静かなアラームウォッチを使うといいです。目覚めても急に動き出さないこと。しばらく、その場で静かにしていて、少しずつ周りのリズムに合わせていきます

---

27)　リラクゼーション法には、漸進的弛緩法、自律訓練法、深呼吸法または呼吸法、誘導イメージ療法、バイオフィードバック、自己催眠など様々な方法がある（厚生労働省「統合医療」情報発信サイト・前掲注26））。

28)　東京ストレスマネジメント企画・監修『STRESS MANAGEMENT WORKBOOK ― RELAX』（4版）8頁（1991年）。

[図表 4-14] リラクゼーション・テクニック

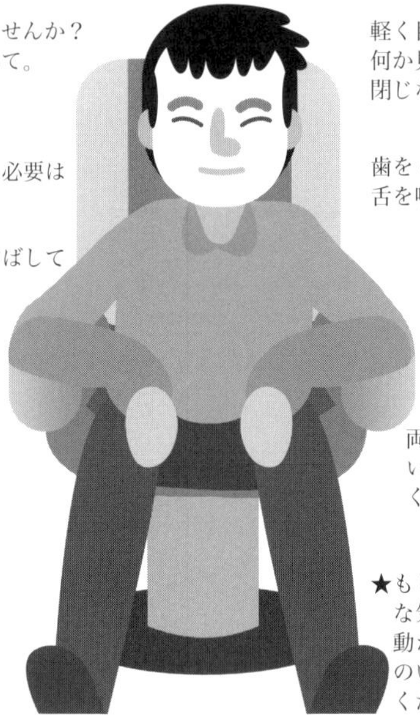

眉間にしわを寄せていませんか？
寝顔のように、力を抜いて。

呼吸は鼻から吸って
鼻から出します。
無理に腹式呼吸などする必要は
ありません。

背筋・首筋をスーッと伸ばして

軽く目を閉じます。
何か見ようとして、目をギュッと
閉じないこと

歯をくいしばったり、
舌を嚙んだりしていませんか

両手は、掌を下にして膝の上。
いちばん楽な位置を選んで軽
くのせます

両脚は、肩幅くらいに
自然に開くと、
お尻も安定し、
胸も自然に開きます。

★もし、何となくぎこちないよう
な気がしたら、お尻や脚を少し
動かしてみて、もう1度、自分
のいちばん楽な位置を見つけて
ください

出所：東京ストレスマネジメント企画・監修『*STRESS MANAGEMENT WORKBOOK ―
RELAX*』（4 版）（1991 年）。

（2）　注意

①　最初は専門家の指導のもとに練習すること

②　健康上の問題のある人、現在医師の治療を受けている人は、医師に相談す
ること

（3）　習得までの期間

①　短期間なストレスレベルの低下には、習ったその日から役立ちます

②　長期的なストレスコントロールおよびマインドコントロールには、2 週間
から 6 ヶ月ぐらい続けること

③　1 日 2 回、5 ～ 10 分間、できれば時間と場所を設定して行うとよいです。
ただし、食後 2 時間以内は避けること、朝食前と夕食前（または寝る前）
が理想的です

3. リラクゼーション4つの原則

ポイントは次の4つです[29]。

(1)　静かな場所で行うこと

リラックスすることの目的は、外的刺激から自己を遮断し、刺激に対する反応をやめることです。このため、人に邪魔されない静かな場所を選ぶことが大切です。

また、毎日同じ場所で行うこと。その場所に座るだけでリラックスすることを思い出すようになります。

(2)　楽な姿勢で行うこと

自然で楽な呼吸を妨げないこと、楽に座り続けていられることがポイントです。

楽な姿勢のためには、背筋がスーツと伸びていることが重要です。ただし、リクライニング・シートや床に寝ころぶのはお勧めできません。眠り込んでしまうおそれがあるからです。

(3)　呼吸に集中すること

呼吸と神経系統には深い関係があり、呼吸のリズムがゆっくりと整ううちに、心のリズムも回復し、心身のバランスが自然と甦ってきます。また、この呼吸の音に集中していくことは、頭のなかのおしゃべりに巻き込まれないためにも重要です。

入っては出ていく空気の流れに、意識を向けていってください。

(4)　受容的な態度を保つこと

あなたがいくら呼吸に意識を集中させようとしても、頭のなかのおしゃべりが絶え間なく訪れて、あなたを巻き込もうとします。そんな時は、無理に"考え"を追いやろうとしないこと。"何も考えまい"と考えるのは、もう立派な

---

29)　東京ストレスマネジメント企画・監修・前掲注28) 10頁。

"考え" です！

　ただ静かに、それらの考えやイメージを見ていてください。どんな想像が現れようと、それらは現実とは別のものであること、あなたは "考え" や映像とは別の存在であることに気づくはずです。あなたが取り合わない限り、やがて、それらは去っていきます。

　また、何かを期待してもいけません。美しいイメージを見ようとしたり、幸せな気分を引き出そうとしたり……。あなたに必要なことは、ただそこにいて、起こってくることのすべてを受け容れていることです。

COLUMN 9	意志力を強くするためには

・・

1. 意志力とは

　受講生の 97％の人生に影響を与えたと言われる心理学者、ケリー・マクゴニガル（McGonigal,K）が実際に講義した内容をまとめた『スタンフォードの自分を変える教室』は、脳科学や心理学から事細かに人間の意志力を分析し、意志力を強化していくにはどのようなアプローチをしていけば良いのかを述べている。

　意志力は、「やる力」、「やらない力」とともに、「望む力」により構成される。

　「やる力」とは、自分の成長のために勉強をするとか、健康のためにダイエットするなど面倒だなと思いながらも、自分のやるべきことをやる力のことを言う。「やらない力」とは、禁煙中なのについついタバコを吸ってしまうとか、ダイエット中なのに甘いものを食べてしまうなど誘惑に打ち勝つ力のことを言う。「望む力」とは、健康状態の改善やストレス管理など自分が望んでいることを思い出す力のことを言う。

　この３つの力を駆使することによって、目標を達成するということである。

　また、意志力は、食べ物、住居環境、エクササイズ、睡眠等の物理的なもの、ドーパミンの特性や親しい人物との関係等、知っておけば対処できるものであり、自らの意志で強化することが可能ということである。

2. 5分間の瞑想

　呼吸に意識を集中するのは、簡単ながらじつに効果的な瞑想のテクニックであり、脳を鍛え、意志力を強化するのに役立つ。最近の研究では、定期的に瞑

想を行った場合、禁煙や減量に効果があり、薬物やアルコールの依存症への対策としても効果があるということである。意志力のチャレンジが「やる力」の問題であれ「やらない力」の問題であれ、次の 5 分間の瞑想は、脳を鍛えて意識力を強化するには最適な方法であるとしている。

　①動かずにじっと座る

　②呼吸に意識を集中する

　③呼吸をしているときの感覚をつかみ、気が散りはじめたら意識する

　以上の「5 分で脳の力を最大限に引き出す」ポイントは、「吸って」「吐いて」と心のなかでつぶやきながら、呼吸に意識を集中する。そして、気が散っているのに気づいたら、また呼吸に意識を戻すことである。

3.　自分に対する思いやり

　マクゴニガルによれば、「自分に厳しくしても意志力は強くならない。」と述べ、意志力を強くするために必要なのは、「失敗に対する罪悪感や自己批判ではなく、自分に対する思いやり（自分を励まし、自分にやさしくすること）である。自己批判はつねにモチベーションの低下や自己コントロールの低下を招く。また、自己批判はうつ病の最大の予兆であり、うつ状態では『やる力』や『望む力』が失われてしまう。これに対し、自分への思いやりは、やる気の向上や自制心の強化につながる。また、自分に対して思いやりをもつことで罪悪感が和らぎ、自分自身に対する責任感が増す。」と説いている。そして、「思考や感情を抑えつけたり、欲求を頭から否定したりせず、行動をコントロールする方法を身につけることが重要である」と述べている。

　誰でも間違いを犯したり、失敗したりする。しかし、そのあとどう対処するかのほうが、間違えたり失敗したことよりもはるかに重要である。そこで、失敗したときに自分にもっと思いやりをもって接することができるように心がけることが大切である。そうすれば、罪悪感のあまり失敗を繰り返すことを避けることができる。

　出所：McGonigal,K, *The Willpower Instinct-Based on a Wildy Popular Course at Stanford University-*, Avery,a member of Penguin Group（USA）Inc. 2012（神崎朗子訳『スタンフォードの自分を変える教室』）52 頁ほか（大和書房，2013 年）。

Q リラックスのためのストレッチングのポイントは何ですか。

A ポイントは、①いつもゆったりとした呼吸を続けていること、②無理をしない、痛くなるまでやらないこと、③ゆっくりと静かに、自分のペースで行うこと、④目を開けていること、⑤楽しんで行うこと、です[30]。

　リラクゼーションの前に、体の緊張を緩和しておくと、より自然に、呼吸に集中していくことができます。

　ストレッチをすると、心拍変動を増加させることにより心拍数を低下させ、副交感神経活動が働く[31]のでリラックス効果があると言われています。副交感神経が働くと、身体は休む体勢に入ります。

　簡単なストレッチでも効果的で、身体や心の疲れを癒してくれ、良質な睡眠にも繋がります。

　厚生労働省の「働く人のメンタルヘルス・ポータルサイト」[32]にも上掲と同様に、ストレッチングのポイントが挙げられているので参考として以下に挙げることとします。

　①はずみをつけずにゆっくり伸ばす

　②痛みを感じるところまで伸ばさない

　③ 10 〜 30 秒間伸ばし続ける

　④交互に 2 回ずつ行う

---

30)　東京ストレスマネジメント企画・監修・前掲注28）16 頁。

31)　ストレッチをすると前頭葉でアルファ波が増加し、心拍変動を増加させるため、心拍数を低下させ、副交感神経活動が働く。副交感神経が働くことにより、身体がリラックス状態になる。副交感神経が働くのは、睡眠中、リラックスしている時、ゆったりと落ち着いている時で、「身体の修復」が主な役割である。

32)　厚生労働省「ストレスと上手につきあおうリラクセーションのすすめ」（山口英郎＝木谷つゆき）

　（https://kokoro.mhlw.go.jp/video/files/slide_yamaguchi.pdf）。

⑤呼吸は止めずに自然に行う

⑥伸ばしている部位に意識をむける

⑦笑顔で行う

　なお、上半身は両手を組んで上に伸ばしながら胸を張る、背中は、両手を組んで前へ伸ばし、ときどきおへそをのぞきこむようにして背中を丸める、腰は、腰を伸ばしてからだを後ろにひねり背もたれをつかむこと、がポイントです。

　ストレッチといっても、過酷なものや長時間行うものをするのではなく、短時間でも毎日継続して行うことが心身の疲れを癒す近道です。

　簡単なストレッチは、自宅の限られたスペースでも手軽に行うことができます。まずはできるものから取り入れ、ストレス解消しながら身体のコリをほぐすとよいでしょう。

10 ストレスとコミュニケーションの関係はどうか

Q ストレスとコミュニケーションの関係はどうなっていますか。

A 最適のストレスが質の高いコミュニケーションをつくることです。

　ストレス学説の提唱者セリエは"ストレスは人生のスパイスである"という名言を遺しています。適度なストレスは人生を最高に味付けしてくれる、ストレスは人生のスパイスのようなものだと表現されたのです。スパイスは多すぎても少なすぎても、つまり、ストレスが過剰でも過少でも人生の味わいが失われることを教えています。

　また、セリエはストレスを"適応エネルギー"であるととらえ、ストレスを人間関係やあらゆる生命活動に必要なエネルギー源と位置づけを行ったのです。

　最適レベルのストレスは心身の健康に良い影響を与えるだけでなく、効率のよいエネルギー消費ともっとも高い生産性を導くのです。

　[図表4-15] に示しているように最適のストレスレベルでは、もっともコミュニケーション・レベルが高くなっています。ストレスレベルが高くなるにしたがってコミュニケーションの低下が見られます。

　一般的には"人間関係が悪いからストレスが高い"と思われがちですが、実際には"ストレスレベルが高いからコミュニケーションが悪化"していることを認めなくてはなりません。ストレスが高いままではさらに人間関係に悪循環をもたらすのです。

　つまり、高くなったストレスレベルを下げてやれば、それに比例してコミュニケーションは良くなり、生産性も改善され向上するという発想が必要なのです[33]。

---

33)　東京ストレスマネジメント編『*STRESS MANAGEMENT COMMUNICATION PROGRAM WORKBOOK*』3頁（1994年）。

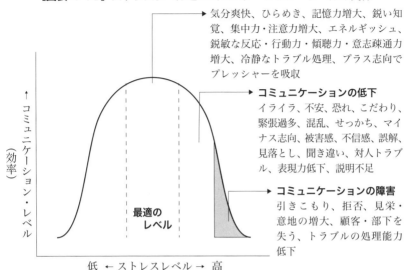

[図表4-15] ストレスレベルとコミュニケーション・レベルの関係

気分爽快、ひらめき、記憶力増大、鋭い知覚、集中力・注意力増大、エネルギッシュ、鋭敏な反応・行動力・傾聴力・意志疎通力増大、冷静なトラブル処理、プラス志向でプレッシャーを吸収

コミュニケーションの低下
イライラ、不安、恐れ、こだわり、緊張過多、混乱、せっかち、マイナス志向、被害感、不信感、誤解、見落とし、聞き違い、対人トラブル、表現力低下、説明不足

コミュニケーションの障害
引きこもり、拒否、見栄・意地の増大、顧客・部下を失う、トラブルの処理能力低下

最適のレベル

← コミュニケーション・レベル（効率） →

低 ← ストレスレベル → 高

出所：東京ストレスマネジメント編『*STRESS MANAGEMENT COMMUNICATION PROGRAM WORKBOOK*』（1994年）。

COLUMN 10　　　　　　マインドフルネス（Mindfulness）とは

....

1．マインドフルネスの意味

　私たちはストレスや不安を感じると、今を否定し過去や未来に目を向けがちである。すでに起こった出来事をクヨクヨと思い悩んだり、実際には起こっていないことをモヤモヤと想像して心配し、さらに不安を募らせてしまう。

　そんな妄想にとらわれた「心ここにあらず」の状態から、「今この瞬間」に意識を向け現実をあるがままにとらえる。そうした心の在り方や状態を作り出す方法を「マインドフルネス」と呼ぶ。マインドフルネスの起源は禅をはじめとする仏教にあると言われている。

　日本マインドフルネス学会（JAM:Japanese Association of Mindfulness）[注1]では、マインドフルネスとは、"今、この瞬間の体験に意図的に意識を向け、評価をせずに、とらわれのない状態で、ただ観ること"と定義している。

　なお、"観る"は、見る、聞く、嗅ぐ、味わう、触れる、さらにそれらによっ

て生じる心の働きをも観る、という意味である。

２．マインドフルネスの効果

　確実な答えのない未来や変更しようがない過去に振り回されないようにすることで、ストレスを増幅させない効果がある。

　また、マインドフルネスは視野を広げ、創造性を高める効果があるとして注目され、アメリカのグーグル（Google）など国内外で研修に取り入れる企業が増えている。うつ病の心理療法として用いられることもある。

３．マインドフルネスの習得方法

　マインドフルネスはどのように習得するか。一つの手法として熊野[注2]は音を使った練習を勧める。「まず、公園や家の中などで５～６種類の音を探す。公園なら鳥のさえずり、家の中なら冷蔵庫のモーター音などである。これらの音を３段階で聞いていく。目は閉じずに、少し先に視点を定めたら、最初は１つの音だけを聞き、１分間たったら次の音を聞く。すべての音を聞き終わったら、今度は聞く音を15秒程度で切り替えていく。これを５～６周繰り返したら、すべての音を同時に２～３分間聞く。慣れてきたら、最初から全ての音を同時に聞いても構わない。この方法は、音への注意を持続させ、転換し、分割させていくことで、『余計な思考を浮かびにくくすると同時に、現実を幅広く、ありのままに感じ取ることを可能にしていく』」ということである。

　なお、「マインドフルネスはストレスや不安をなくすためのものではない。それらを感じている自分に気づき、その状況を認めて受け入れる。結果としてストレスや不安は軽減し『ウェルビーイング（主観的幸福度）を高めることにつながっていく』」（佐渡）[注3]ということである。

４．マインドフルネス認知療法

　マインドフルネス認知療法（MBCT：Mindfulness-Based Cognitive Therapy）（以下、MBCTという）とは、マインドフルネスという仏教の禅の精神を認知行動療法に組み込んだ治療法で、第三世代の認知療法[注4]の一つである。

　自己否定な考えや悲観的なものの見方を、一歩引いた位置から冷静に分析することにより、うつ病の特徴であるネガティブな感情、思考パターンの繰り返しを防ぐことができる。

　MBCTは、当初、うつ病の再発予防のためのプログラムとして、臨床心理学者のマーク・ウィリアムズ（Williams, M.）博士たちによって開発された。しかし現在では、うつ病の再発予防を超えて様々な領域での効果が実証され、その応用範囲が拡大している。たとえば、より一般的な効果として、MBCTはポジ

ティブな感情を増す、ネガティブな感情を減らす、人生のゴールの明確化を助ける、恐怖や不安を適応的に調整するという効果が示されている。また、より専門的には、不眠症、社会恐怖症、全般的不安障害、パニック障害、一次診療でのうつのための MBCT、および癌患者のための MBCT が有望なものとして挙げられている [注5]。

注 1： 日本マインドフルネス学会のホームページ：https://mindfulness.jp.net/
注 2： 熊野宏昭「マインドフルネスを実践」（日本経済新聞（朝刊）2020 年 6 月 27 日）。
注 3： 佐渡充洋・前掲注 2）。
注 4： 認知行動療法の第三世代とは、行動療法からの流れを第一世代、認知療法からの流れを第二世代として、新たに「文脈」や「機能」に注目して発展した認知行動療法のことを第三世代と呼んでいる。行動的・認知的な技法に加え、文脈的で体験的な変化に期待する援助技法を用いる。第三世代の主な援助技法として、マインドフルネス認知療法、弁証法的行動療法（DBT：Dialectical Behavior Therapy）、アクセプタンス＆コミットメント・セラピー（ACT：Acceptance and Commitment Therapy）などがある（カウンセラー Web（http://www.counselorweb.jp/）。）
注 5： 日本マインドフルネス学会のホームページ・前掲注 1）。
出所： 「マインドフルネスを実践」（日本経済新聞（朝刊）2020 年 6 月 27 日）（ライター田村知子）を基に作成（著者一部修正）。

第5章

健康・生きがい

1　健康管理のポイントは何か

> **Q** 健康管理のポイントは何ですか。
>
> **A** 健康的な生活習慣を確立することです。

1．健康的な生活習慣の確立

　WHO（World Health Organization：世界保健機関）によれば、「健康とは、身体的、精神的、社会的に完全に良好な状態であって、単に病気や病弱でないということだけではない」と定義しています。

　WHO の考え方は、やや抽象的ですが、誰もが思う理想的な健康の状態であると言えます。

　一方で、WHO は「健康は、社会、経済、そして個人の進歩のための重要な資源であり、生活の質の重要な要素である」とも示しています。つまり、健康はそれ自体が人生の目的ではなく、むしろ、人生を充実させるための手段であると考えられます。健康のために何かを行うのではなく、自分のしたい何かのためには健康が必要だと考えるべきでしょう。

　健康管理について考えるとき、最も身近でいやな響きをもつものは生活習慣病です。特に、がん、心疾患、脳血管疾患に代表される生活習慣病は、それだけで全死亡率の 5 割以上を占めています（厚生労働省「人口動態統計」参照）。

　生活習慣病は体質的な要素もありますが、その大部分は、日常の生活習慣（ライフスタイル）に起因していると言われています。それだけに、早い時期から好ましい生活習慣を身につける必要があります。

2．生活習慣病を防ぐ生活習慣

　アメリカのカリフォルニア大学（UCLA）のブレスロー（Breslow, L. 1915 〜 2012）教授は、生活習慣と身体的健康度（障害・疾病・症状など）との関係を調査し、以下の 7 つの健康習慣の実践の有無によって、その後の寿命に影響することを提唱しました。

　その研究では、たとえば 45 歳の男性において、7 つの健康習慣のうち 6 〜

7つを実施している人の場合はあと約33年生きられるが、実施していないもしくは3つ以下を実施している人の場合にはあと約22年しか生きられないといった具合です[1]。

40年以上前の論文（1980年発表）ですが、現在の生活習慣病予防やがん予防に通じるところがあります。

次の項目のうち、あなたの生活にあてはまるものに、チェック印をつけてください。

- □ ①喫煙をしない
- □ ②飲酒を適度にするか、まったくしない
- □ ③定期的に運動をする
- □ ④適性体重を保つ
- □ ⑤7〜8時間の睡眠をとる
- □ ⑥毎日朝食をとる
- □ ⑦不要な間食をしない

あなたは、いくつ守っていますか？

上の7つの基本的な生活習慣は、いずれも、日々の活動を助け、促進させるベースとなるものです。あまりにも当たり前で、誰にでもわかっていて、それでいて、いちばん守られにくいものでもあります。もし、あなたが、仕事や個人の生活のなかで成果をより大きなものにしていきたいと思うのなら、まず、この7つの項目を、あなたなりの方法で、取り入れていってください。いずれも、食事、運動、睡眠という動物としての人間の、最も基本的な生命活動の一部であると言えます。

すべてを完璧に行う必要はありません。できることから始め、時々チェックしましょう。

---

1) 野末みほ「ブレスローの7つの健康習慣を実践してみませんか？」厚生労働省e-ヘルスネット。
（https://www.e-healthnet.mhlw.go.jp/information/food/e-04-002.html）。
これは、1980年にブレスロー教授の著した "Persistence of health habits and their relationship to mortality" という題名の論文で、生活習慣と身体的健康度との関係を調査した結果として広く世界に知られている。

[図表 5-1] 肥満度チェック法

　基本的な体重のコントロールは BMI（Body Mass Index）という指標を用いて、それが肥満や低体重（やせ）の判定に用いられる。BMI は、肥満度を表す指標として国際的に用いられている体格指数で、[体重（kg）] ÷［身長（m）の 2 乗］で求められる（身長は cm ではなく、m で計算する）。

　計算方法は世界共通であるが、肥満の判定基準は国によって異なり、WHO（世界保健機関）の基準では 30 以上を "Obese"（肥満）としている。

　男女とも標準とされる BMI は 22.0 であるが、これは統計上、肥満との関連が強い糖尿病、高血圧、脂質異常症（高脂血症）に最もかかりにくい数値とされている。

　日本肥満学会の定めた基準（肥満度分類）では 18.5 未満が「低体重（やせ）」、18.5 以上 25 未満が「普通体重」、25 以上が「肥満」で、肥満はその度合いによって以下のように、「肥満 1 度」から「肥満 4 度」に分類される。

　　　　　【肥満度の判定基準】

BMI（数値の範囲）	（肥満度）判定
< 18.5	低体重
18.5 ≤ BMI < 25.0	普通体重
25.0 ≤ BMI < 30.0	肥満（1 度）
30.0 ≤ BMI < 35.0	肥満（2 度）
35.0 ≤ BMI < 40.0	肥満（3 度）
40.0 ≤ BMI	肥満（4 度）

出所：厚生労働省 e—ヘルスネットを基に作成。
　　（https://www.e-healthnet.mhlw.go.jp/information/dictionary/metabolic/ym-002.html）。

3．健康を維持するための3要素

　健康を維持するための 3 要素として食事・運動・休養があります。この 3 要素をバランスよく保ち健康な毎日を過ごしていきたいものです。

　①食事—食生活習慣をどのように改善するか

　②運動—運動不足をどのように克服するか

　③休養—ストレスや疲労をどのようにとるか

4．若さを保つ心得

　加齢とともに心身の機能が低下しますが、同じ年齢の人でも若々しい人と、めっきり老け込んでいる人がいるように戸籍年齢と機能的年齢には個人差がかなりあります。人間は本人の努力や、心がけ次第で戸籍年齢よりも若くなるこ

とができます。

　①戸籍年齢―すべての人に共通で加齢にともなう年齢

　②機能的年齢―個人の能力を機能的に評価して算出される年齢

[図表 5-2] 人には年齢が二つある

戸籍年齢	機能的年齢	差
25 歳	23 ～ 27 歳	4 年
35	31 ～ 39	8
45	39 ～ 51	12
55	48 ～ 62	14
65	57 ～ 73	16
75	66 ～ 84	18
85	75 ～ 95	20

出所：山田博『人体の強度と老化－生物強弱学による測定結果』
（日本放送出版協会、1979 年）

　以上が健康管理のポイントですが、心身共に自立した健康な状態であと何年生きられるかという "健康寿命" は自分自身の毎日の行動で決まります。

　2000 年に WHO が健康寿命を提唱して以来、寿命を延ばすだけでなく、いかに健康に生活できる期間を延ばすかに関心が高まっています。

2　食事・運動・睡眠のポイントは何か

Q　食事・運動・睡眠のポイントは何ですか。

A
① 多様な食品で栄養バランスをとること、
② 毎日、からだを動かすようにすること、
③ 規則正しく寝ること、です

まずは自分の人生を振り返り、現在を見つめ、計画を立ててみましょう。

1．食事

（1）　自分なりの食べ方の工夫

私たちの食生活は日常生活と密接にかかわっており、勤務時間やライフスタイルによって、一人ひとり異なっています。

健康づくりのために、質のよいものをバランスよく適量とる食生活を実現するには、「何を」「どれだけ」「どのように」という、自分なりの食べ方を工夫することが大切です。

たとえば、残業などで、夜、遅くなってからの食事量は控え目にして、翌朝少しでも食べるようにする、外食やコンビニ食をとる場合には、定食タイプや多種類のおかずの入ったものを選ぶようにする、あるいは、ちょっと離れた店に歩いて昼食をとるなど、合理的で楽しい工夫をしてみましょう。

食こそが栄養の基盤であり、栄養知識を身につけて実践することが「健康」という「資産」を作り上げる「投資」になる[2]ということを理解して実行することが重要です。

（2）　栄養3・3運動[3]

栄養3・3運動は、健やかな毎日のための基本的な食生活のあり方を簡単に

---

2)　満尾正『食べる投資―ハーバードが教える世界最高の食事術』7頁（アチーブメント出版、2019年）。

示したもので、「3・3」は3食・3色を意味し、毎日、朝・昼・夕の3食と、3色食品群のそろった食事をとるよう勧めています。

　3色食品群とは、食べ物に含まれる栄養素の働きの特徴により、「赤色の食品」「黄色の食品」「緑色の食品」の3つに分類したものです。「赤色の食品」は、肉、魚、卵、大豆、牛乳などで「血や肉をつくる食品」、「黄色の食品」はご飯、パン、芋、砂糖、油などで「働く力になる食品」、「緑色の食品」は野菜や海藻、果物などで「からだの調子を整える食品」です。たとえば、トーストとコーヒーの朝食では「黄色の食品」だけですから、「赤色の食品」と「緑色の食品」からも何かを食べましょう、と言うことです。

　栄養3・3運動は、「3色食品群」がそろった食事を毎日、朝・昼・夕の3回食べることで結果的に必要な栄養素をバランス良くとることを目指しています。

　なお、参考までに厚生労働省等が策定した「食生活指針」を [図表 5-3] に示すこととします。

[図表 5-3] 食生活指針 ^(注)

> 1．食事を楽しみましょう。
> 2．1日の食事のリズムから、健やかな生活リズムを。
> 3．適度な運動とバランスのよい食事で、適正体重の維持を。
> 4．主食、主菜、副菜を基本に、食事のバランスを。
> 5．ごはんなどの穀類をしっかりと。
> 6．野菜・果物、牛乳・乳製品、豆類、魚なども組み合わせて。
> 7．食塩は控えめに、脂肪は質と量を考えて。
> 8．日本の食文化や地域の産物を活かし、郷土の味の継承を。
> 9．食料資源を大切に、無駄や廃棄の少ない食生活を。
> 10．「食」に関する理解を深め、食生活を見直してみましょう。

注：　食生活指針は、2000 年 3 月に、文部省（現文部科学省）、厚生省（現厚生労働省）および農林水産省が連携して策定された。策定から 16 年が経過し、その間に食育基本法の制定、「健康日本 21（第二次）」の開始、食育基本法に基づく第 3 次食育推進基本計画などが作成された。食生活に関するこれらの幅広い分野での動きを踏まえて、2016 年 6 月に食生活指針が改定された（厚生労働省「食生活指針について」）。
（https://www.mhlw.go.jp/file/06-Seisakujouhou-10900000-Kenkoukyoku/0000129379.pd）。

3）　近藤今子「食生活のあり方を簡単に示した栄養 3・3 運動」厚生労働省 e-ヘルスネット。（https://www.e-healthnet.mhlw.go.jp/information/food/e-03-001.html）。

2．運動

（1）　運動の効果

　健康づくりのための運動では、生活のなかで無理なく継続していくことが必要です。激しい運動は、時間的にも長続きせず、故障のもとになりやすく、健康上も要注意です。肥満解消をはじめ、健康づくりには、「ゆるく、長く」が効果的です。運動の前後には、準備体操や整理運動をやることが大切です。

　運動を行うことによって、心身ともに健康で豊かな生活を送ることができ、生活の質の向上にもつながります。運動の具体的な効果を挙げれば以下のとおりです[4]。

①体力や持久力がつき、身体活動を行いやすくなること

②生活習慣病の予防

③ストレッチングや筋力トレーニングによって、身体の柔軟性が高まり筋力・筋肉量が増え、膝痛や腰痛などの運動器疾患によるトラブルが改善する可能性が高まること

④ランニングなどの有酸素運動によって心肺機能が高まり、風邪にかかりにくくなること。

⑤健康的な体格を維持でき、自己効力感が高まること

⑥爽快感や達成感が得られ、ストレスの発散や精神的な充実が得られ、精神的な安定がもたらされやすいこと

⑦生きがいや趣味がみつかり、社会的な意義や役割を持つことにつながること

（2）　有酸素運動

　全身を使った運動によって酸素を取り込み、筋肉を働かすことで身体を動かすための基本的な体力や持久力を身につけることができます。心肺機能も鍛えられます。具体的には、速歩きでのウォーキング、ラジオ体操、ジョギング、自転車をこぐ、エアロビクス、水中ウォーキングやアクアビクス、水泳、テニ

---

4)　長寿科学振興財団・健康長寿ネット「健康づくりのための運動とは」（更新日：2019年2月1日）。(https://www.tyojyu.or.jp/net/kenkou-tyoju/kenkou-zoushin/undou-yoika.html)。

スなどの球技、ダンスなどの「楽に行える〜息がはずみ、ややきつい」と感じる強度の運動です。

有酸素運動はエネルギー消費量が大きく、かつ血圧が上がりにくく、けがや事故のリスクも低く、比較的安全に実施することのできる運動です。ウォーキングやラジオ体操などは誰にでもなじみがあり、初めての運動でも取り入れやすく継続しやすい運動です[5]。

3. 睡眠

睡眠は疲労を回復し、エネルギーを蓄積します。

睡眠を上手にとるためには、次の3点からチェックすることがポイントです。
□規則正しく寝る……睡眠のリズム
□適度の睡眠時間を確保する……睡眠の量
□ぐっすり眠る……睡眠の質

(1) 睡眠のリズム

私たちは毎日ほぼ同じ時刻に眠り、同じ時刻に目が覚めます。また徹夜をしていても徐々に眠気が強まり、明け方になると耐え難い眠気を感じますが、午後には眠気がいったん軽くなります。

規則正しい睡眠リズムは疲労による「睡眠欲求」と体内時計に指示された「覚醒力」のバランスで形作られます。健やかな睡眠を維持するために、夜間にも自律神経やホルモンなど様々な生体機能が総動員されます[6]。

このように、からだにはリズムがあり、そのリズムが狂うと睡眠と覚醒のリズムも乱れ調子が悪くなります。仕事の疲れをとるために休日に寝すぎるとからだのリズムが狂ってしまい、寝付きも悪いし、目覚めも悪くなります。ブルーマンデーの原因の一端がそこにあります。日頃の疲労を回復するといっても睡眠時間はせいぜい1時間程度長くすれば十分で、休日といえどもリズムを大きく変えずに規則的に生活することが安眠の基本です。

---

5) 長寿科学振興財団・前掲注4）。
6) 三島和夫「眠りのメカニズム」厚生労働省 e-ヘルスネット。
（https://www.e-healthnet.mhlw.go.jp/information/heart/k-01-002.html）。

（2）　睡眠の量

　私たち現代人の多くは、慢性的な時間不足状態にあるようです。そして、真っ先に削られるのが、睡眠時間です。しかし、たとえば、仕事のひとつっってみても、仕事量は必ずしも仕事を続けた時間に比例するとは限りません。

　睡眠不足は、高血圧や糖尿病、動脈硬化といった生活習慣病の原因になるとも言われています。

　睡眠の量は、自分に適切な睡眠時間をおおよそ把握しておき、その睡眠時間を確保するように工夫していくことです。

　基本的には生活習慣の見直しが大切になってきます。生活習慣を見直して日々の睡眠時間を正常な睡眠時間にどれだけ近づけられるかが大事です。

（3）　睡眠の質

　睡眠は決して「脳全体が一様に休んでいる状態」ではありません。眠っている間にも脳活動は様々に変化します。ヒトの睡眠はノンレム睡眠（non-REM sleep）とレム睡眠（REM sleep）という質的に異なる二つの睡眠状態で構成されています。レム睡眠は、眠っているときに眼球が素早く動く（英語で Rapid Eye Movement：急速眼球運動）ことから名づけられました。ノンレム睡眠では脳波活動が低下し、睡眠の深さにしたがってさらに4段階に分けられます。

　睡眠は深いノンレム睡眠（段階3と4）から始まり、睡眠欲求が低下する朝方に向けて徐々に浅いノンレム睡眠（段階1と2）が増えていきます。その間に約90分周期でレム睡眠が繰り返し出現し、睡眠後半に向けて徐々に一回ごとのレム睡眠時間が増加していきます[7]。

　睡眠は「時間」も大事ですが、「質の良さ」がもっと重要と言われています。

（4）　快適な睡眠のためのポイント

　様々な生活習慣がありますが、睡眠も生活習慣そのものです。そして快眠は規則正しい睡眠習慣から生まれることを忘れてはいけません。

　快眠を得るためには睡眠環境を整えることも大切です。リラックスして落ち

---

7)　三島・前掲注6）。

着くことのできる空間の雰囲気と、入眠時の明るすぎない光と起床時の自然な光、入眠や睡眠を妨げない音環境、心地よく感じられる温度・湿度といった物理的な環境条件を睡眠に適した状態に整備することで、寝つきやすく質の良い睡眠を得ることができます[8]。

睡眠は、こころと身体の回復をはかる時間であり、睡眠の問題が生じると心身の健康が損なわれます。

厚生労働省「健康づくりのための睡眠指針2014～睡眠12箇条～」では、良い睡眠のための生活習慣・環境や睡眠不足・睡眠障害の予防などについて、睡眠12箇条としてまとめられているので、[図表5-4]に示すこととします。

[図表5-4] 健康づくりのための睡眠指針

1．良い睡眠で、からだもこころも健康に。
2．適度な運動、しっかり朝食、ねむりとめざめのメリハリを。
3．良い睡眠は、生活習慣病予防につながります。
4．睡眠による休養感は、こころの健康に重要です。
5．年齢や季節に応じて、ひるまの眠気で困らない程度の睡眠を。
6．良い睡眠のためには、環境づくりも重要です。
7．若年世代は夜更かし避けて、体内時計のリズムを保つ。
8．勤労世代の疲労回復・能率アップに、毎日十分な睡眠を。
9．熟年世代は朝晩メリハリ、ひるまに適度な運動で良い睡眠。
10．眠くなってから寝床に入り、起きる時刻は遅らせない。
11．いつもと違う睡眠には、要注意。
12．眠れない、その苦しみをかかえずに、専門家に相談を。

出所：厚生労働省「健康づくりのための睡眠指針2014～睡眠12箇条～」（2014年3月31日）
（https://www.mhlw.go.jp/file/06-Seisakujouhou-10900000-Kenkoukyoku/0000047221.pdf）。

上記12箇条の多くは、常識的なことが挙げられていますが、特に最後の3つ（第10条～12条）は注目に値します。参考までに、「健康づくりのための睡眠指針」の解説を以下に挙げることとします。

先ず、第10条については、就寝時刻にこだわりすぎて眠たくないのに眠ろうとすると、かえって目が冴えて眠れなくなります。眠れないときは一旦寝床

8）　長寿科学振興財団・健康長寿ネット「快眠のための環境作り」（更新日：2019年6月21日）
（https://www.tyojyu.or.jp/net/kenkou-tyoju/tyojyu-suimin/kaimin-kankyo-zukuri.html）。

を出てリラックスし、眠たくなってから寝床に就くとよいです。眠りが浅い場合は、寝床で過ごす時間が長すぎる可能性があります。積極的に遅寝・早起きをして適切な睡眠時間を調節することが大事です。

　次に、第11条については、以前にはみられなかった睡眠中の激しいいびきや呼吸停止、就寝時の足のむずむず感や熱感、熟睡中の手足のピクつき、また不眠や日中の眠気・居眠りなど、睡眠での困りごとがある場合には専門家に相談した方がよいです。

　最後に第12条では、眠れない、熟睡できない、寝ても日中の眠気が強いなどの睡眠の問題が続き、生活習慣の改善や環境の工夫だけでは解決しない場合には早めに専門家に相談しましょう。眠れない気持ちを相談し、助言を受けることで気持ちが楽になることや、改善の手立てが見つかる場合もあります。からだやこころの病気があり、専門的な治療が必要であることもあります。早めに相談し、適切な検査を受けて対策をとることが大切です。

3　生きがいのポイントは何か

Q ライフプラン（生活設計）のなかで、生きがい設計も重要と言われていますが、そのポイントは何ですか。

A 働きがい、やりがい、居がい、の３つが基本です。

１．生きがいとは

　どんな仕事に従事していても、その仕事に生きがいとか張り合いといったものを感じることができなければ、日々の仕事は生活の手段と割り切るしかないと思います。

　しかし、それだけでは面白くありませんし、その意識だけで仕事を順調に続けられるとも思いません。どこかに生きがいとか張り合いといったものを見出しているはずです。

　生きがいとは、生きていることに意義や喜びを見出して感じる心の張り合い、生きる目当て、充実感をもたらすものなどと言えます。

　欧米では、「あなたの生きがいは何ですか」と聞くと、趣味、レクリエーション、レジャーと答える人が多いそうですが、日本の場合は、子ども、仕事、レジャーを生きがいとしている人が多いようです。

　生きがいはもともと客観化するものではなく、「自分がどう生きるか」ということだとも言えます。

　したがって、人によって、社会に役立つことをする、趣味を楽しむ、家族と和気あいあいと暮らす、これまでやりたくてもできなかったことをする、目的をもって何かに挑戦する、などといったことが生きがいになるのではないでしょうか。

　具体的には、仕事、余暇活動、地域活動、家庭のなかに生きがいは求められます。また、生きがいには目標や夢、充実感や満足感などの要件が含まれます。

２．生きがいの体系図

　生きがいの体系図は［図表5-5］のとおりです。

[図表5-5] 生きがい体系図

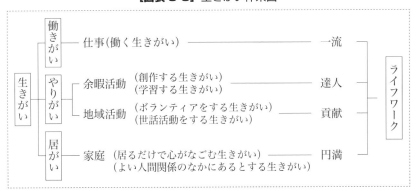

出所：鈴木啓三「定年後の20年はこう愉しみなさい」(明日香出版社、1993年)、その他を基に作成。

　この [図表5-5] のなかにある「仕事は一流、余暇活動は達人、地域活動は貢献、家庭は円満」というものを私たちが日常生活のなかで追い求めていく時に、すばらしい働きがい、やりがい、居がい、すなわち"生きがい"が生まれてくるものと思います。そして仕事から、余暇活動から、家庭のことからライフワーク（lifework）を作り上げていきます。ライフワークは、心の底からやってみたかったこと、得意なもの、こだわってみたかったものなど、生涯の仕事として創意工夫しながら取り組んでいこうとするものです。

3．余暇活動・地域活動・家庭

　生きがいの主なものとして、余暇活動・地域活動・家庭について、主なポイントを以下に挙げることとします。

(1) 余暇活動

　余暇とは、一般に「仕事から解放されて自由に使える時間のこと」を言いますが、余暇活動とは、生活に必須な食事や睡眠、身の回りの用事などの基本的な活動（1次活動）や、仕事や家事などの労働（2次活動）以外で自由に過ごすことのできる時間（3次活動）[9]を言います。

　上手に余暇を楽しむことは、休養の「養」の要です。自分のために過ごすゆとりの時間を持って気分転換したり、心を豊かにする活動をしたりと、自分に

合う余暇の過ごし方を考えてみましょう。

　日本生産性本部の余暇創研が発表している「レジャー白書」によると、日本人の余暇活動ランキング（上位10位）は、[図表5-6] のとおりです。

　このランキングを見て、改めて余暇とは大切なものだと気付かされます。

　余暇活動に対する認識も，仕事を離れた「休養」，「骨休め」としてとらえる消極的なものから，各自の目的に応じ，自己の可能性を試し，新しい自分を発見する場として多種多様な活動を行うなどの積極的な意義を有するものになってきています。

　たとえば、近年は都会で働きながら余暇は地方で楽しむ「デュアルライフ」（2拠点生活）への関心が高まっています [10]。

　余暇活動はまさに人間がその本来の人間性を取り戻すための価値ある活動であると言えます。

（2）　地域活動

　住んでいる市区町村で、何かしら活動することを、地域活動と呼びます。

　地域には、様々な活動やイベントが身近にあります。たとえば、自治会や町内会の活動をはじめとして、地域の学校で活動したり、公民館や生涯学習センターで活動したり、図書館や博物館、美術館で活動することなどが挙げられます。

　また地域の子どもを集めてレクリエーションを開催することや、自然観察のイベントを開催することも、地域活動の例として挙げられます。

　地域活動に参加する主なメリットを挙げれば以下のとおりです。

9）　長寿科学振興財団・健康長寿ネット「高齢者の余暇活動と生きがい感」（更新日：2019年6月18日）。
　（https://www.tyojyu.or.jp/net/kenkou-tyoju/tyojyu-shakai/koreisha-yokakatsudo-ikigaikan.html）。

10）　従来は、富裕層や、時間の余裕があるリタイアメント層が楽しむイメージがあった「デュアルライフ」は、近年は、20〜30代のビジネスパーソンやファミリーが「デュアルライフ」を楽しみ始めている。また、定年後を見据え、週末を自然の中で過ごすプレシニアも増えている。さらに、新型コロナウイルスの影響によるリモートワークの浸透で機運は一段と高まると言われている（日本経済新聞（夕刊）2020年9月17日）。

【図表5-6】 余暇活動の参加人口上位10位（2018年～2019年）

2018年			2019年		
順位	余暇活動種目	万人	順位	余暇活動種目	万人
1	国内観光旅行（避暑、避寒、温泉など）	5,430	1	国内観光旅行（避暑、避寒、温泉など）	5,400
2	外食（日常的なものは除く）	4,180	2	外食（日常的なものは除く）	4,350
3	読書（仕事、勉強などを除く娯楽としての）	4,170	3	読書（仕事、勉強などを除く娯楽としての）	4,110
4	ドライブ	4,160	4	ドライブ	3,960
5	映画（テレビは除く）	3,610	5	映画（テレビは除く）	3,740
6	複合ショッピングセンター、アウトレットモール	3,560	6	複合ショッピングセンター、アウトレットモール	3,550
7	音楽鑑賞（配信、CD、レコード、テープ、FMなど）	3,470	7	音楽鑑賞（配信、CD、レコード、テープ、FMなど）	3,540
8	動物園、植物園、水族館、博物館	3,340	8	動画鑑賞（レンタル、配信を含む）(注)	3,510
9	ウィンドウショッピング（見て歩きなど娯楽としての）	3,070	9	動物園、植物園、水族館、博物館	3,330
10	ウォーキング	3,030	10	ウォーキング	3,220

注：　2019年は「国内観光旅行（避暑、避寒、温泉など）」（5,400万人）が参加人口の首位となり、2011年以来9年連続の首位となった。上位種目に大きな変動はないが、2018年までの「ビデオの鑑賞（レンタルを含む）」に代わって調査を開始した「動画鑑賞（レンタル、配信を含む）」が8位となった。

なお、『レジャー白書2020』は2019年の余暇活動を取りまとめたものであるが、新型コロナウイルス感染症（COVID-19）によりレジャー産業を取り巻く環境が大きく変化したことから、2020年以降の国内観光旅行や外食など主なレジャー産業は大きな影響を受ける可能性が指摘されている。

出所：日本生産性本部　余暇創研『レジャー白書2020』リリース（2020年8月24日）。
（https://www.jpc-net.jp/research/detail/004580.html）。

①地域の人々と親密になれる

②地域ネットワークを構築できる

③自由時間を有意義に過ごすことができる

④生活に充実感ができる

⑤新しい知識・教養・技術・経験を身につけることができる

以上のとおり、地域活動に参加することにより、自分の人生を豊かにするだけでなく、活力ある地域づくりにもつながります。地域が活性化し、住み良

い地域へ住まうことは、とても魅力的なことであると言えます。

（3）　家庭

　家庭円満とは、一般に「家族の仲が良く、争いなどがない穏やかな状態であること」を言います。これは、夫婦や親子などの家族の集まりおよびその生活の場を意味する「家庭」と、物事の様子や人柄などに調和がとれていて穏やかなことを意味する「円満」からなる用語です。また、似たようなものとして、夫婦仲が良く、日常的に不和や争い事がなく、夫婦関係が満ち足りている様を意味する「夫婦円満」があります。

　夫婦の関係と親子の関係のポイントを挙げれば以下のとおりです。

　１）夫婦の関係

　夫婦の関係が良好な状態であるためには、お互いに相手の人格を尊重し、相手の立場や、相手の気持ちを考えるという夫婦関係が必要です。

　夫婦の関係は性別、役割の分業関係としてとらえるのではなく、柔軟性を持った考え方のなかにはじめて役割を超えた人間関係が夫婦の間に形成されることになります。

　２）親子の関係

　親と子の人間関係は、精神的にも物質的にも一定の距離を置いて、お互いに認め合い、生活していくことが大切です。

　また、理想的な親子関係を築くには、親の好みや価値観で子を支配するのではなく、子の要求に応じ、意見を尊重し応えてあげることです。さらに、常にコミュニケーションをとるとともに個性を尊重することも大切です。

4．自分らしく生きるためには

　これからの人生をさらに豊かで充実したものとしていくためには、多くの人との人間関係を保ちながら日常生活を楽しみ、社会とも積極的にかかわっていく生活名人になることが大切です。

　生活名人になるためには、次のような「３つの上手」を心がけましょう。

（1）　使い上手

　　①お金の使い上手

　　②時間の使い上手

　　③情報の使い上手

（2）　つきあい上手

　　①家族とのつきあい上手

　　②友人・知人とのつきあい上手

　　③地域社会でのつきあい上手

　　④社会とのつきあい上手

（3）　遊び上手

　　①上手な仲間づくり

　　②上手な遊び心

COLUMN 11　　　　　　**健康生きがいづくりアドバイザーとは**

・・・

1．健康生きがいづくりアドバイザーの役割

　健康生きがいづくりアドバイザー（以下、「アドバイザー」という）は、中高年齢者の在職中とリタイア後における健康生きがいづくりを企業や地域で専門的に支援するコンサルタントであり、他の機関や専門の職種などとをつなぐコーディネーターでもある。

　その役割は、職域からの円滑なリタイアおよびリタイア後の自己実現に重点を置き、行政、企業、地域などの様々な組織や団体との連携を通して健康生きがいづくりを支援することである。

2．アドバイザーの活動

　アドバイザーは、中高年齢者の健康生きがいづくりを企業内や地域で支援するために次のような活動を行う。

　①啓発：企業内や地域において、健康生きがいづくりの意義について、広く啓発活動を行う。

②仲間づくり：グループワークなどの手法を用いて、健康生きがいづくりのための仲間づくりや組織活動を支援する。

③機会・情報の提供：健康生きがいづくりの場の開発や活動の機会に関するデータを集積し紹介する。

④相談・助言：カウンセリング・マインドをもって相談に応じるとともにケースワークなどの手法を用いて、個々人の志向や適性に即した助言を行い、中高年齢者が真の自立をめざして、より適切に健康生きがいづくりに取り組めるように導く。

⑤能力発見・開発：個人の年齢や経験に応じ、健康生きがいづくりのための能力の発見や開発・およびその積極的な活用を支援する。

3．アドバイザーに認定されるための条件

アドバイザーになるためには、養成講座か通信講座により資格審査のための基礎知識を習得することが必要とされる。養成講座は地域ごとに開催される。また、通信講座は、随時申込みが可能である。

さらに、資格審査試験に合格後、資格認定研修会で、実践的な知識や技能を習得し、研修会修了後、登録することにより、アドバイザーとして認定される。

連絡先（申込みおよび問合わせ先）は以下のとおりである。

●一般財団法人　健康・生きがい開発財団

〒112－0002　東京都文京区小石川5－2－2　わかさビル4階

TEL：03－3818－1451　FAX：03－3818－3725

http://ikigai-zaidan.or.jp/

出所：健康・生きがい開発財団のホームページ：http://ikigai-zaidan.or.jp/
　　　健康・生きがい開発財団編いきがい各号、その他参照。

第6章

FP（ファイナンシャル・プランナー）などコンサルタントに求められるカウンセリング能力

> **1** FP（ファイナンシャル・プランナー）などコンサルタントに求められる**カウンセリング能力**とは

> **Q** FP（ファイナンシャル・プランナー）などコンサルタントに求められるカウンセリング能力とはどういうことですか。
>
> **A** 顧客の気持ちを上手に聴き、どのように対応できるかがポイントです。

1．カウンセリングの重要性

　高齢化の急速な進展や産業構造の急激な変化等様々な社会変貌のなかで、改めて現代に生きる者にとっての心の健康が問い直され、働く人たちのメンタルヘルスの重要性が、社会的に大きな関心を呼んでいます。内閣府等各種世論調査でも生活の視点が「物の豊かさ」より「心の豊かさ」を重視するようになっていることが指摘されています。

　こうした観点から、個人としての成長、心身の健康、対人関係などでの相手の気持ちをより良く理解し、より深く受けとめようと努めるカウンセリングの重要性があらゆる分野で高まってきています。

2．私たちの身の回りにある問題とは

　私たちの身の回りには問題や課題と認識できるものは数限りなく存在します。
　たとえば、「親の遺産分けを巡って兄弟間でトラブルが発生しそうだけど、何かよい考えはないだろうか」、「先祖伝来の土地を手放さずに相続税の支払をしたいがうまくいくだろうか」、「定年退職後の経済的不安を感じるがどうしたらよいだろうか」、「株式の相場下落や金利低下に対応するためには今後の資産のポートフォリオをどうしたらよいだろうか」、「遺言書をうまく活用して相続対策をしたいのだが何かよい方法はないだろうか」……等々、数限りがありません。

3．FP（ファイナンシャル・プランナー）に求められる役割とは

　こうした様々な問題群に直面する顧客にとって、FP（ファイナンシャル・プ

ランナー）の果たす役割が解決の糸口になれば幸いです。

　もともとFP業務とは、FPと顧客がいて、そこで何をするかというところにビジネスの面としての広がりや時間の位置づけがあります。FPと顧客の共通の理解の場が生まれる出発点は、FPが顧客の話を聴きながら、情報を分析し、問題点を整理して今後のあるべき姿を見出そうとするところにあります。

　つまり、受容と共感の受けとめ方からの出発と言えます。そのためには、いかに顧客の信頼を得るかということが重要です。顧客の信頼を得ることによって、初めて顧客の正確な情報を得ることができるようになり、プランの実行も可能になるからです。そこで、FPに必要とされるものが、誠実な人柄とカウンセリング能力です。顧客に抵抗感を抱かせないで、本当のことを話してもらうためには、FPに「聴く」姿勢がなくてはなりません。顧客の気持ちを上手に聴きどのように対応するかがFPにとって重要な課題と言えます。

　聴き方としては、顧客の話の文字どおりの意味だけを受動的に聴くというのではなく、「この人はどうしてこんな風な話し方をするのだろう」、「どんな気持ちでこの話をしているのだろう」ということをわかろうとする積極的な姿勢で話を聴くことが大事です。このように相手の話を聴くことを、カウンセリングではアクティブ・リスニング（積極的傾聴）と言います（傾聴については第3章参照）。

4. アクティブ・リスニングの主なやり方

　聴き手が話し手を大切にする心構えで、このアクティブ・リスニングをしていくと、話し手は、自分の気持ちを率直にのびのびと話すことができ、内面的に変化する可能性があります。アクティブ・リスニングの主なやり方を挙げれば次のとおりです。

　①相手の話を邪魔せずについていくこと

　②自分の意見を一時停上して相手の考え方を要約してみること

　③気持ちを表現する言葉は変えないように言い返すこと

　④話し手の言い方には気持ちが現れていないのに、聴き手にはある感情が伝わってきた場合は、それが押し付けにならないように配慮して言い返すこと

⑤話し手が自分の気持ちを見つめて、吟味することが大切であることから話
　し手が何か感じているような沈黙について聴き手は邪魔せずに見守ること

　以上がアクティブ・リスニングの主なやり方です。アメリカのFPにおいて
も感情移入した話の聞き方の重要性がうたわれています [図表6-1]。

[図表6-1] いま海外のFP（ファイナンシャル・プランナー）は

Are You Listening ?
「あなたはきちんと顧客のいうことを聴いているか？」

　顧客の話をきちんと聴いているかどうかで、どれだけあなたが成功するか、また顧客との関係を長続きさせられるかが決まってくる。FP（ファイナンシャル・プランナー）にとって、技術的に優れ、顧客たちの持つ多くの財政上の問題を解決する手助けをすることが重要なのは事実である。しかし、一方で顧客たちは、自分たちの話をきちんと聴いてくれる相手を捜している。そして顧客の話の聴き方次第で、その顧客が自分のところにとどまるか、それとも他のプランナーのところに行ってしまうかの違いが出てくる。

　たとえば、心理学者のシャーロン・タイガーは、感情移入した話の聴き方をするにはまず話し手の話のみに集中することが重要だと述べている。

　それでは、実際、あなたの人の話を聴くスキルはどの程度のものだろうか？

　それを推し量る上で、以下の点について考えてほしい。

　もし誰かが話し始めたら、あなたならどうするだろうか？

　・話の邪魔をするか？
　・自分がほとんどしゃべるか？
　・相手がどう考えるべきか、何をすべきかをきちんと話すか？
　・心のこもっていない返事をしていないか？
　・彼らが話している時に鉛筆を動かしてみたり、コンピューターを眺めたり他のことをしていないか？
　・相手が自分に話をしてくれることに感謝しているか？
　・相手にもっと自分の感情を率直に示すよう配慮しているか？
　・相手が話し終わるまで、話し出すのを待っているか？
　・「私に何ができますか？」とか「あなたは私の助言が必要ですか？」とか、きちんと相手に尋ねているか？
　・相手に注意を向けているか？　また彼らの目を見ながら、何か他のことをしていたりしないか？

出所：上記コラムは、日本ファイナンシャル・プランナーズ協会が、『*Financial Planning*』（USA）
　　　誌1997年2月号より抜粋・翻訳したものである。

2 顧客ニーズを満たすためには何が重要か

Q 多様化した顧客ニーズを満たすためには何が重要ですか。

A アクティブ・リスニングなどのカウンセリング・スキルが重要です。

　たとえば、現在の高齢者世代の資産選択パターンは二極分化していると言えます。

　1つ目のタイプは、いわゆる従来型の高齢者で、資産のほどほどの蓄積を終え、年金収入は、ともかく安定的な追加収入さえ得られればよいと考える「穏やかな高齢者世代」です。

　2つ目のタイプは、子どもにはやはり多くの資産を残してやりたいと思うが、同時に、2〜3年後には数百万円もする世界一周クルージングを計画する「華やいだ高齢者世代」です。

　前者の「穏やかな高齢者世代」のポートフォリオ（portfolio）[1]は、どちらかというとローリスク・ローリターン[2]型のものになるでしょう。

　FP（ファイナンシャル・プランナー）は、相手の話をよく伺ったうえで、そのようなアプローチをしていくことになります。

　しかし、後者の「華やいだ高齢者世代」は、とてもローリスク・ローリターン型の金融商品だけでは満足しません。外貨建債券や株式、株式投信などハイリスク・ハイリターン[3]型の商品に強い関心がある人を、勝手に従来型の高齢者扱いして「全てローリスク・ローリターンの安全型ポートフォリオでどうですか」と提案したりすると、「この超低金利時代に、一体何を考えているんだ！」と不満をぶつけられることになります。

---

1)　ポートフォリオとは、保有資産や金融商品の組み合わせのことを意味する。収益の方向性が異なる複数の商品に少しずつ運用資金を分散し、特定の商品の価格下落によって生じた損失を最小限に抑える運用手法をポートフォリオ運用と言う。
2)　ローリスク・ローリターンとは、「損失を被る危険性が低いけれど、高収益を得ることも少ない」という意味である。
3)　ハイリスク・ハイリターンとは「損失の危険性が高いが、その反面見返りも大きい」という意味である。

「高齢者世代であれば皆同じ」といった資産アドバイスは失敗することが多いのです。つまり、先入観にとらわれず相手の話を積極的に聴くアクティブ・リスニングが大切です。

COLUMN 12	テレワークとは

1．テレワークの意味

　テレワークとは、情報通信技術（ICT = Information and Communication Technology）を活用した、場所や時間にとらわれない柔軟な働き方のことである。

　「tele = 離れた所」と「work = 働く」をあわせた造語である。

　テレワークは働く場所によって、自宅利用型テレワーク（在宅勤務）、モバイルワーク（パソコンや携帯電話による営業先やカフェ、移動中の勤務）、施設利用型テレワーク（サテライトオフィス勤務など）の3つ分けられる。

2．テレワーク導入の増加

　都市の過密が問題になった1970年代から注目を集めてきたが、2000年代に入りICTが進歩したことで可能性が広がった。

　2019年4月には、「働き方改革関連法」（正式名称は「働き方改革を推進するための関係法律の整備に関する法律」）[注1] が施行され、ワークライフバランスや多様な働き方の実現に向けてテレワークが大きな役割を果たすと喧伝されてきた。また2020年以降、新型コロナウイルス感染症（COVID-19）への対応でテレワークを導入する企業が増えてきた。

　現在、テレワークは多種多様な業種、職種で導入され、技術者、事務職、営業職、管理職など、幅広い層で実施されている。

3．テレワークの効果

　日本テレワーク協会によれば、「テレワークの効果は、環境負荷軽減や雇用創出など、多岐にわたるが、以下の7つに集約できる」[注2] としている。

　(1)　事業継続性の確保（BCP：Business Continuity Plan）
　　　非常災害時やパンデミック（感染症流行）時における事業継続

　(2)　雇用創出と労働力創造
　　　退職した高齢者、通勤が困難な障がい者、遠方居住者などの新規雇用の創

出

(3) 環境負荷の軽減

通勤減少、オフィスの省力化による電力消費（量）、CO2 排出量の削減

(4) オフィスコストの削減

オフィスペース、ペーパーコスト、通勤・交通コストの削減

(5) 生産性の向上

顧客への迅速・的確な対応（営業職）、計画的・集中的な作業実施による業務効率の向上（研究・開発職、スタッフ職、営業職など）

(6) 優秀な社員の確保

育児期・介護期等の社員への働きやすい環境の実現による離職の防止（継続雇用）

(7) ワークライフバランスの実現

家族と過ごす時間、自己啓発などの時間の増加（仕事と生活の調和）

４．テレワーク導入のポイント

日本テレワーク協会は、テレワーク導入にあたっては、「労務管理方法、情報通信システム・機器、テレワーカーの執務環境の３つの側面から必要事項を検討することが大切である。また、在宅勤務時の執務環境については、就業者の健康に配慮した環境になっていること、情報の物理的セキュリティを確保できることが重要である。」と指摘している。

５．テレワークの課題

日本生産性本部の調べによれば、テレワークの課題として、「部屋、机、椅子、照明など物理的環境の整備」や「Wi-Fi など、通信環境の整備」、「情報セキュリティ対策」などが挙げられている (注3) が、テレワーク導入済み企業が、最終的に挙げる課題はコミュニケーションである。もともと職場のトラブルの原因はコミュニケーションの行き違いがほとんどである。テレワークでは従業員同士が対面で会わなくなる分、コミュニケーションの情報の量が減少、質が低下しがちなので注意が必要である。

これらは技術的に解決できる部分がある。チャットなどでコミュニケーションを活性化する方法や Web 会議を常時接続にして気軽に声掛けできるようにするといった方法もある。ただし、実際に会うよりも特に非言語コミュニケーションの情報量が減ってしまうので、工夫は必要になってくる (注4)。

６．テレワークの今後

テレワークの現状は以上のとおりであるが、日本の労働生産人口は減少して

おり、長期的に人手不足が拡大していくことが予想されるので、人手確保の点からも、ワークライフバランスの点からも、テレワークの導入がさらに進むことは間違いないと言える。

注1：働き方改革関連法案は、2018 年 6 月 29 日の参議院本会議において可決、成立し、2019 年 4 月 1 日より順次施行されることとなった。主として、「長時間労働の是正」、「多様で柔軟な働き方の実現」および「同一労働同一賃金」等を促す内容となっている。

注2：日本テレワーク協会（Japan Telework Association）「テレワーク情報」（https://japan-telework.or.jp/tw_about-2/）。

注3：日本生産性本部「第 2 回働く人の意識に関する調査」（2020 年 7 月 21 日）。（https://www.jpc-net.jp/research/detail/004518.html）。

注4：片岡正美「テレワーク導入の現実とは」産業カウンセリング 381 号（2020 年）17 頁。

《参考文献》（注記で引用したものを除く）

赤堀勝彦『リスクマネジメント入門―いま、リスクの時代を生き抜くために―』（保険教育システム研究所、2017年）。

粟野菊雄『職場のメンタルヘルス・ノート』（医歯薬出版、1995年）。

池田久剛『カウンセリングとは何か＜実践編＞』（ナカニシヤ出版、2003年）。

池見西二郎『ヘルス・アート入門』（創元社、1995年）。

石井知都子『カウンセラーが語る自分の見つけ方―「私」というジグソーパズル』（求龍堂、1995年）。

海原純子『ストレス・癒しの病理学』（丸善、1996年）。

江口毅編著『管理職のためのこころマネジメント』（労務行政、2007年）。

大島清監修『心とからだの健康設計』（明治生命厚生事業団、1999年）。

岡田正樹『ストレスマネジメント入門』（ごま書房、1985年）。

岡本常男『ビジネスマンのための「心の危機管理術」』（現代書林、1993年）。

小此木啓吾ほか『こころを診る―多様化する症候群とその周辺』（中央労働災害防止協会、1995年）。

長田一臣『日本人のメンタルトレーニング』（スキージャーナル、1995年）。

長田一臣『勝利へのメンタル・マネジメント』（スキージャーナル、1996年）。

小田晋『暮らしの心理学』（日本教文社、1997年）。

亀井利明『危機管理カウンセリング』（日本リスク・プロフェショナル協会、1999年）。

亀井利明＝亀井克之『リスクマネジメント総論〔増補版〕』（同文舘出版、2009年）。

加茂善仁『最新判例から学ぶメンタルヘルス問題とその対応策Q&A』（労働開発協会、2013年）。

河合隼雄『こころの処方箋』（新潮社、1992年）。

河合隼雄『河合隼雄のカウンセリング講座』（創元社、2000年）。

菊地章彦『みんなでメンタルヘルス』（働く人の健康づくり協会、1996年）。

古宮昇『やさしいカウンセリング講義』（創元社、2007年）。

岸田博『来談者中心カウンセリング私論』（道和書院、1990年）。

岸田博『気づかされていく私のこころ―カウンセリングとは』（道和書院、1990年）。

国司義彦『人間関係をよくする心理学』（成美堂出版、1998年）。

國分康孝『幸せをつかむ心理学』（ダイヤモンド社、1995年）。

國分康孝『カウンセリングの原理』（誠信書房、1996年）。

斎藤茂太『どんな時にも一生を「前向き」に生きるコツ』（大和書房、1996年）。

齋藤孝『ストレス知らずの対話術―マッピング・コミュニケーション入門―』（PHP研究所、2003年）。

坂本直紀＝深津伸子＝EAP総研著編『職場のメンタルヘルス対策の実務と法―EAPによる企業の対策も含めて―』（民事法研究会、2009年）。

渋谷昌三『不思議なほど相手の心をつかむ話し方』（ビジネス社、2008年）。

白石浩一『生きがいの心理学―本当の自分を生きるには』（海竜社、1993年）。

心理科学研究会編『大学生活をゆたかにする心理学―心の科学への招待―』（福村出版、2013年）。

瀧本孝雄『カウンセリングへの招待』（サイエンス社、2006年）。

中央労働災害防止協会編『発見！あなたの健康プラン―新版働く人の健康づくり―』（中央労働災害防止協会、1999年）。

中央労働災害防止協会編『健康確保総論〔第3版〕』（中央労働災害防止協会、2007年）。

難波克行『職場のメンタルヘルス入門』（日本経済新聞出版社、2013年）。

日本産業カウンセラー協会編『そうだ！相談に行こう！！―産業カウンセリング事例集』（産業カウンセリングサポートセンター、1995年）。

日本産業カウンセラー協会編『産業カウンセリング ケース・スタディ』（産業カウンセリングサポートセンター、2005年）。

日本産業ストレス学会編『産業ストレスとメンタルヘルス―最先端の研究から対策の実践まで―』（中央労働災害防止協会、2012年）。

日本産業ストレス学会編「産業ストレス研究」各号。

野村忍『情報化時代のストレスマネジメント』（日本評論社、2006年）。

東山紘久『プロカウンセラーの聞く技術』（創元社、2000年）。

平井雅也編著『思いやりとホスピタリティの心理学』（北大路書房、2000年）。

野沢静雄『こころの健康法―ストレスに克つ生き方のために』（日本実業出版社、1993年）。

真野俊樹『人事・管理職のためのメンタルヘルス・マネジメント入門』（ダイヤモンド社、2009年）。

丸野廣『「からだと心」のリラックス法』（三笠書房、1989年）。

宗像恒次編著『働く人たちのストレスサバイバル―いじめ・リストラ・セクハラ』（明石書店、2000年）。

山内常博＝米山岳廣＝岡村真理子『精神保健入門』（文化書房博文社、2006年）。

山崎友丈＝佐藤泰三監修『心の危機管理ハンドブック―はじめてのメンタルヘルス〔改訂版〕』（ぎょうせい、2008年）。

吉川武彦『こころの危機管理―"いざ"というときのために―』（関西看護出版、1997年）。

吉野聡『「職場のメンタルヘルス」を強化する』（ダイヤモンド社、2016年）。

渡辺卓『会社のストレスに負けない本』（大和書房、2005年）。

Carkhuff, R., R., *The Art of HELPING VI*, Human Resource Development Press, Inc., 1987 (國分康孝監修、日本産業カウンセラー協会訳『ヘルピングの心理学』（講談社、1992 年))。

Egan, G., *Exercises in Helping Skills*, 3rd ed., Cole Publishing Company, 1986 (福井康之 = 飯田栄訳『熟練カウンセラーをめざすカウンセリング・ワークブック』（創元社 ,1992 年))。

Le'geron, P., *Le stress au travail*, Odile Jacob, 2001 (高野優監訳『働く人のためのストレス診察室』（紀伊国屋書店、2004 年)。

Meichebaum, D., *Coping With Stress*, 1989 (根建金男 = 市井雅哉監訳『ストレス対処法』（講談社、1994 年))。

Palmer, S. and W. Dryden., *Stress Management and Counselling : Theory Practice, Research and Methodology*, CASSELL PLC, 1996 (内山喜久雄監訳『ストレスマネジメントと職場カウンセリング』（川島書店、2002 年))。

〈巻末〉〈論文〉

職場のメンタルヘルス対策の推進と
ストレスチェック制度について
—企業の法的リスクマネジメントの視点から—

I．はじめに

　職場におけるメンタルヘルス対策の経緯については、厚生労働省通達[1] によれば、2013 年度を初年度とする第 12 次労働災害防止計画において、「2017 年までにメンタルヘルス対策に取り組んでいる事業場の割合を 80％以上とする」との目標を定めメンタルヘルス対策を重点的に推進してきた。

　また、2014 年 6 月には、労働安全衛生法（以下「安衛法」という。）が改正され、同法 66 条の 10 の規定により、事業者に労働者の心理的な負担の程度を把握するための検査（ストレスチェック）、医師による面接指導の実施及び事後措置の実施（以下「ストレスチェック制度」という。）を義務付け、2015 年 12 月 1 日から施行されたところである。

　さらに、社会問題となっている過労死等[2]（業務における強い心理的負荷による精神障害を含む。）を防止するため、同じく 2014 年 6 月に過労死等防止対策推進法が議員立法として制定され、同年 11 月 1 日から施行され、同法に基づき 2015 年 7 月には「過労死等の防止のための対策に関する大綱」（以下「大綱」という。）が定められ、調査研究、啓発、相談体制の整備等、民間団体の活動に対する支援の四つの対策を重点的に実施していくことが示された。その後、大綱は、約 3 年を目途に、大綱に基づく対策の推進状況等を踏まえて見直すこととなっており、2018 年 7 月に大綱の変更が

---

[1]　厚生労働省労働基準局長より都道府県労働局長宛通達「ストレスチェック制度の施行を踏まえた当面のメンタルヘルス対策の推進について」平成 28 年 4 月 1 日付け基発 0401 第 72 号 1 頁。
　　（http://www.mhlw.go.jp/bunya/roudoukijun/111208-1.pdf）（2019 年 8 月 30 日閲覧）。
[2]　過労死等とは、過労死等防止対策推進法 2 条により、以下のとおり定義づけられている。
　　・業務における過重な負荷による脳血管疾患・心臓疾患を原因とする死亡
　　・業務における強い心理的負荷による精神障害を原因とする自殺による死亡
　　・死亡には至らないが、これらの脳血管疾患・心臓疾患・精神障害

閣議決定された[3]。

　以上を踏まえ、本稿では職場のメンタルヘルス対策の推進とストレスチェック制度について考察することとする。

　なお、本稿は、2017 年に日本リスクマネジメント学会誌に発表した「ストレスチェック制度の意義と課題」[4] について、その後の安衛法に基づくストレスチェック制度実施マニュアルの改訂等を踏まえ、内容を更新するとともにメンタルヘルス対策の推進を追加するなど旧稿を発展させたものである。

Ⅱ．職場のメンタルヘルスの現状

1．職場のメンタルヘルス活動

　近年、職場では技術革新（アナログ技術からデジタル技術、IT 技術等）、他社との開発競争、企業買収・合併、コスト削減のための海外進出（生産・販売拠点の海外進出、海外赴任者の増加）、ハラスメントなどにより、過重負荷、ストレス・メンタルヘルス問題が増加している[5]。

　小杉（1994）[6] によれば、従業員の精神的健康をはかる職場のメンタルヘルス活動には、異なる三つの側面があるということである。

　第一は、従業員の精神的健康に関する、予防・発見・治療・職場復帰の四側面であり、従来から「職場のメンタルヘルス」と総称されているものである。

　第二は、従業員の精神的健康度を定量的にとらえ、彼らの属性と彼らが所属する職場集団の特性によって、精神健康度がどのように異なるかを明らかにすることである。このことによって、一つの企業における精神的健康の促進要因と阻害要因とを相対的に明らかにすることが可能となる。

　第三は、普及広報活動である。特にカウンセリングルームの存在とメンタルヘルス

---

3)　厚生労働省「『過労死等の防止のための対策に関する大綱』の変更について」（2018 年 7 月 24 日閣議決定）（http://www.mhlw.go.jp/stf/houdou/0000101654_00003.html）（2019 年 8 月 30 日閲覧）。

4)　拙稿「ストレスチェック制度の意義と課題」危険と管理 48 号 104 ～ 118 頁（2017 年）。

5)　過重負荷、ストレス・メンタルヘルス問題の増加が抑うつ状態・うつ病・過労自殺・過労死につながるとされている（2011 年度東京産業保健推進センター調査研究「メンタルヘルス活動を推進するための仕組み・体制づくり・連携」）。（http://www.tokyos.johas.go.jp/pdf/chousa/23tool%20(2).pdf）（2019 年 8 月 30 日閲覧）。

6)　小杉正太郎「職場のメンタルヘルス」産業ストレス研究 1 巻 1 号 20 ～ 21 頁（1994 年）。

担当者としてのカウンセラーの中立性を広め徹底する。メンタルヘルスに関する講演会開催や社内報等あらゆる機会を利用して積極的に行う[7]ということである。

2．労働者のメンタルヘルスの現状

(1) 労働者健康状況調査結果によるストレス状況

労働者のメンタルヘルス対策の推進は、日本の産業保健によって、重要課題のひとつとなっている。メンタルヘルス不調を有する労働者数が高止まって減少傾向に転じないことに加え、以前にはあまりみられなかった病像をもつ不調例や、職場環境が厳しくなる中で顕在化してきた不調例の増加が、職場関係者を悩ませている[8]。

厚生労働省が5年おきに2012年まで実施していた労働者健康状況調査では、この20年ほど「仕事や職業生活において強い悩み、不安、ストレスを感じる割合は、大きい性差なく、約6割で推移している（表1）。その原因については、男女とも、人間関係の問題が最多であり、仕事の質の問題、仕事の量の問題などがそれに次いでいる。

その後、労働者健康状況調査は、2012年調査をもって廃止され、2013年以降は、

表1 「仕事や職業生活において強い悩み、不安、ストレス」がある労働者割合の推移（％）

	1992年	1997年	2002年	2007年	2012年
全体	57.3	62.8	61.5	58.0	60.9
男性	58.8	64.4	63.8	59.2	60.1
女性	54.2	59.9	57.7	56.3	61.9

出所：厚生労働省「労働者健康状況調査」結果の概要（各年度）に基づき作成。

---

7) 事業者が労働者に対し、セルフケアに関する教育研修と情報提供例としては以下の項目が挙げられる（前掲注5）2011年度東京産業保健推進センター調査研究）。
　①メンタルヘルスケアに関する事業場の方針
　②ストレス及びメンタルヘルスケアに関する基礎知識
　③セルフケアの重要性、心の健康問題に関する基礎知識
　④ストレスへの気づき方
　⑤ストレスの予防、軽減、対処法
　⑥自発的な相談の有用性
　⑦事業場内の相談先、事業場外資源に関する情報
8) 廣尚典「働き盛り世代のメンタルヘルスの現状と課題」総合健診43巻2号6頁（2016年）。
　（http://www.jstage.jst.go.jp/article/jhep/43/2/43_304/_.../ja/）（2019年8月30日閲覧）。

表2 「仕事や職業生活において強いストレス」となっていると感じる事柄がある
　　労働者割合の推移（%）

	2013年	2015年	2016年	2017年	2018年
全体	52.3	55.7	59.5	58.3	58.0
男性	52.8	53.7	59.9	55.3	59.9
女性	51.5	58.5	58.9	62.6	55.4

注：2014年は当該項目を調査していない。
出所：厚生労働省「労働安全衛生調査」（実態調査）結果の概要（各年度）に基づき作成。

2014年を除き、毎年、労働安全衛生調査（実態調査）が実施されている。

　同調査の中で、「仕事や職業生活において強いストレス」となっていると感じる事柄がある労働者割合の推移は表2のとおり、大きい性差なく、6割未満で推移している。その原因については、全体で、仕事の質量の問題が最も多く、次いで、仕事の失敗・責任の発生等や対人関係（セクシュアルハラスメント・パワーハラスメントを含む）となっている[9]。

(2)　ビジネスパーソンが抱えるストレスに関する調査結果

　平成の30年間で日本人の働き方は大きく変わった。平成が始まった当時はバブル期で、「終身雇用」、「年功序列賃金」が定着し、働けば働くだけ稼ぐことができた時代だと言われていた。平成が終わり令和の時代になった現在、それらの考え方は覆され、働き方改革をはじめとする従業員の働きやすさを向上するための取り組みが政府主導で進められている。

　働き方改革とは、働く人の視点に立って、労働制度の抜本改革を行い、企業文化や風土も含めて変えようとするものである。

　チューリッヒ生命（チューリッヒ・ライフ・インシュアランス・カンパニー・リミテッド）は、全国1,000人のビジネスパーソンを対象に、ストレスについてのインターネット調査を2017年より実施している。

　2020年の調査[10]によると、ビジネスパーソンが勤務先においてストレスを感じる1番の要因は「収入（経済面）」という結果になった。

---

9)　2018年調査によれば、男女とも仕事の質量の問題が最も多いが、仕事の失敗・責任の発生等は男性の割合が高く、対人関係（セクシュアルハラスメント・パワーハラスメントを含む）は女性の割合が高くなっているのが特徴である。

働き方改革による残業時間の減少や、新型コロナウイルス感染症（COVID-19）の影響により収入（経済面）への不安が募ったことが伺える。

過去3年間の調査結果と比較すると、「上司との人間関係」は4年連続、「仕事の内容」は3年連続でトップ5位に入る結果になり、これらが多くのビジネスパーソンの悩みになっていることが分かった。

また、新型コロナウイルス感染症の発生前から、「フレックス」や「在宅勤務」、「再雇用」などの制度を導入していた企業は約3割（34.4%）に留まった。導入された制度に対するストレスとしては「社内スケジュールが調整しづらいこと」（20.3%）や「収入が減ったこと」（17.7%）、「隠れ残業や仕事の持ち帰りがあること」（16.6%）などが挙げられた[11]ということである。

勤務先でのストレスの原因についての4年間（2017年～2020年）の比較（複数回答）を表3に示すこととする。

以上のように、フレックスや在宅勤務など新しい働き方が世間に浸透してきた一方で、新型コロナウイルス感染症の影響など不安な状況が続くなか、効率化だけでなくストレスのケアにも一層重点を置く必要があると考える。

3．精神障害と労災認定

厚生労働省は、仕事による強いストレスなどが原因で発病した精神障害の状況について、2002年から、労災請求件数や「業務上疾病」と認定し、労災保険給付を決定した支給決定件数などを年1回、取りまとめている。

労災請求件数は、2012年度以降、毎年、過去最高を更新し、表4に示すとおり、2019年度は2,060件（前年度比240件増）、実際に労災認定された件数も、2015年度

---

10)　チューリッヒ生命「2020年ビジネスパーソンが抱えるストレスに関する調査」。
　　調査概要は、以下のとおりである。
　　　①調査の方法：株式会社ネオマーケティングが運営するアンケートサイト「アイリサーチ」のシステムを利用したWEBアンケート方式で実施
　　　②調査の対象：アイリサーチ登録モニターのうち、全国の20歳～59歳の有職者を対象に実施
　　　③有効回答数：1,000人（20代・30代・40代・50代、男女：各125人）
　　　④調査実施日：2020年3月27日～2020年3月30日
　　　（https://www.zurichlife.co.jp/aboutus/…/2020/20200423（2020年4月23日閲覧）。
11)　一方、新しく導入された制度に対して、3人に1人（36.0%）がストレスを感じていないということである。

表3　勤務先でのストレスの原因についての4年間の比較（複数回答）

	全体（2017年）	全体（2018年）	全体（2019年）	全体（2020年）
	n=896	n=898	n=919	n=1,000
1位	上司との人間関係 39.7%	上司との人間関係 38.9%	仕事の内容 34.6%	収入（経済面） 22.4%
2位	仕事の量が多い 28.8%	同僚との人間関係 29.0%	給与や福利厚生などの待遇面 31.8%	仕事の内容 21.4%
	給与や福利厚生などの待遇面 28.8%			
3位	―	仕事の内容 27.2%	同僚との人間関係 27.3%	上司との人間関係 14.6%
4位	同僚との人間関係 25.6%	仕事の量が多い 26.8%	上司との人間関係 26.9%	上司・部下以外の社内の人間関係 14.4%
5位	お客様や取引先との人間関係 17.5%	給与や福利厚生などの待遇面 25.6%	仕事の量が多い 24.7%	仕事環境 10.7%

出所：チューリッヒ生命「2020年ビジネスパーソンが抱えるストレスに関する調査」。
（https://www.zurichlife.co.jp/aboutus/.../2020/20200423（2020年4月23日 閲覧）。

表4　精神障害の労災補償状況の推移（件）

区分 \ 年度		2015年度	2016年度	2017年度	2018年度	2019年度
精神障害	請求件数	1,515	1,586	1,732	1,820	2,060
	決定件数[1]	1,306	1,355	1,545	1,461	1,586
	うち支給決定件数[2]	472	498	506	465	509
	［認定率］[3]	［36.1%］	［36.8%］	［32.8%］	［31.8%］	［32.1%］

1）決定件数は、当該年度内に業務上又は業務外の決定を行った件数で、当該年度以前に請求があったものを含む。
2）支給決定件数は、決定件数のうち「業務上」と認定した件数である。
3）認定率は、支給決定件数を決定件数で除した数である。
出所：厚生労働省「令和元年度『過労死等の労災補償状況』」（別添資料2　精神障害に関する事案の労災補償状況）（2020年6月26日）に基づき作成（筆者一部修正）。
（https://www.mhlw.go.jp/stf/newpage_11975.html）（2020年6月27日閲覧）。

472件、2016年度498件、2017年度506件、2018年度465件、2019年度509件で認定率は、約32%〜37%を呈しており、深刻な状況が続いている。

　労働者のメンタルヘルスに影響を与える仕事関連要因としては、長時間労働の他に、仕事の質・量の大きな変化と嫌がらせ・いじめ・暴行やセクシュアルハラスメントなど職場でのハラスメント関連が多く、特に注目される。

　このことからもストレスの状況を事前に把握して、精神障害の改善につなげることが重要と考える。

4．労働者の自殺

　2019年中における自殺者の総数は20,169人で、前年に比べ671人（3.2%）減少し、2010年以降、10年連続減少となり、1978年から始めた自殺統計で過去最少となっている[12]。

　しかし、自殺者数に占める被雇用者・勤め人の数は、2015年以降6,000人台に減少したものの、依然として無視できない割合[13]である。

　近年における自殺者の推移を表5に示すこととする。

表5　近年における自殺者の推移（人）

	2014年	2015年	2016年	2017年	2018年	2019年
自殺者総数	25,427	24,025	21,897	21,321	20,840	20,169
うち被雇用者・勤め人	7,164	6,782	6,324	6,432	6,447	6,202

出所：厚生労働省自殺対策推進室 警察庁生活安全局生活安全企画課
　　　「令和元年中における自殺の状況」（2020年3月17日）。
（http://www.npa.go.jp/safetylife/.../R01_jisatuno_joukyou.pdf）（2020年4月23日閲覧）。

　自殺の多くは多様かつ複合的な原因および背景を有しており、様々な要因が連鎖する中で起きている。「経済・生活問題」や「家庭問題」等、他の問題が深刻化する中で、これらと連鎖して、うつ病等の「健康問題」が生じている。

　国は、2006年に自殺対策基本法を制定し、2007年6月には同法に基づいて推進さ

---

12)　厚生労働省自殺対策推進室・警察庁生活安全局生活安全企画課「令和元年中における
　　自殺の状況」（2020年3月17日）。
　　（http://www.npa.go.jp/safetylife/.../R01_jisatuno_joukyou.pdf）（2020年4月23日閲覧）。
13)　職業別自殺者数では、2019年は、「無職者」が11,345人で全体の56.2%を占めて最も
　　多いが、次いで「被雇用者」が6,202人で全体の30.8.%を占めており、無視できない割合
　　となっている（前掲注12））。

れるべき対策を具体的に示す「自殺総合対策大綱」を策定した。大綱は、2008 年 10月に一部改正、2012 年 8 月に初めて全体的な見直しが行われた。2012 年に閣議決定された大綱は、おおむね 5 年を目途に見直すこととされていたことから、2016 年から見直しに向けた検討に着手し、同年の自殺対策基本法改正の趣旨やわが国の自殺の実態を踏まえ、2017 年 7 月、「自殺総合対策大綱〜誰も自殺に追い込まれることのない社会の実現を目指して〜」が閣議決定された。その中では、職場におけるメンタルヘルス対策の推進、ハラスメント防止対策、長時間労働の是正などが自殺総合対策における当面の重点施策の一部として挙げられている [14]。

Ⅲ．職場のメンタルヘルス対策の推進

　厚生労働省では、安衛法の規定に基づき、現在「第 13 次労働災害防止計画」（2018年 4 月〜 2023 年 3 月）を策定している。その一つに職場におけるメンタルヘルス対策の推進が挙げられている [15] が、ここでは、職場のメンタルヘルス対策としての重要課題を示すこととする。

１．メンタルヘルス指針と過重労働対策 [16]

　2006 年には旧メンタルヘルス指針が「労働者の心の健康の保持増進のための指針」（以下、「メンタルヘルス指針」という。）として増補改訂された。メンタルヘルス指針は、THP 指針 [17] と同様に、安衛法 69 条および 70 条の 2 に基づくものと位置づけられ、本指針が示すメンタルヘルス対策を実施することが事業者の努力義務となった。
　また、同年の安衛法の改正により、その 18 条および労働安全衛生規則（以下「安衛

14）　厚生労働省「自殺総合対策大綱〜誰も自殺に追い込まれることのない社会の実現を目指して〜」（2017 年 7 月 25 日閣議決定）。
　　（https://www.mhlw.go.jp/stf/seisakunitsuite/bunya/hukushi_kaigo/seikatsuhogo/jisatsu/taik ou_h290725.html）（2019 年 9 月 1 日閲覧）。
15）　職場のメンタルヘルス対策の推進目標は以下のとおりである。
　　①仕事上の不安、悩み又はストレスについて、職場に事業場外資源を含めた相談先がある労働者の割合を 90 ％以上（71.2 ％：2016 年）とする。
　　②メンタルヘルス対策に取り組んでいる事業場の割合を 80 ％以上（56.6 ％：2016 年）とする。
　　③ストレスチェック結果を集団分析し、その結果を活用した事業場の割合を 60 ％以上（37.1 ％：2016 年）とする。
16）　廣・前掲注 8）10 頁。

規則」という。）22 条に規定されている衛生委員会の調査審議事項に、「長時間にわた
る労働による労働者の健康障害の防止を図るための対策の樹立に関すること」および
「労働者の精神的健康の保持増進を図るための対策の樹立に関することが」が入った。
衛生委員会は、労働者の衛生に関する事柄全般を調査、審議する場であり、労働者数
50 人以上の全ての事業場で、月に 1 度の開催が義務付けられている。衛生委員会の
活用は、メンタルヘルス指針でも触れられており、メンタルヘルス対策が、他の衛生
に関する問題と同様に、事業場全体で議論され推進されねばならない旨が明示された
ことになる。

　また、2002 年に「過重労働による健康障害防止のための総合対策」が公表されて
いたが、これも安衛法に合わせて改正された。

　過重労働対策については、医師の面接指導ばかりが強調されがちであるが、時間外
労働の削減、有給休暇の取得促進への取り組みがまず推進されなければならないと考
える。

　さらに、近年、わが国において過労死等が多発し大きな社会問題となっているが、
そうした中、過労死等の防止のための対策を推進し、過労死等がなく、仕事と生活を
調和させ、健康で充実して働き続けることのできる社会の実現に寄与することを目的
として、2014 年 11 月に「過労死等防止対策推進法」が施行された。また、この法律
に基づき、政府は、過労死等の防止のための対策を効果的に推進するため、「過労死
等の防止のための対策に関する大綱」（2018 年 7 月 24 日閣議決定）を定めている。

　今後は、これに沿った取り組みが推進されることとなった。

2．メンタルヘルス不調への気づきと対応

　メンタルヘルスケアにおいては、ストレス要因の除去または軽減などの予防策が重

---

17)　THP（Total Health promotion Plan）とは、厚生労働省が働く人の「心とからだの健
　康づくり」をスローガンに進めている健康保持増進措置のことである。THP は、1988 年
　に安衛法が改正されたことにより、従来の SHP（Silver Health Plan）を発展させ、取り
　組みが推進されているものである。安衛法 69 条では、1 項で、労働者の健康保持増進を図
　るために必要な措置を継続的かつ計画的に実施することが事業者の努力義務として定めら
　れ、2 項では、労働者は、事業者が講ずる措置を利用して、健康保持増進に努めることと
　されている。また、THP の基本的な考え方や事業場における具体的な実施方法について、
　安衛法 70 条の 2 に基づき「事業場における労働者の健康保持増進のための指針」（THP
　指針）が厚生労働大臣により公表されている（厚生労働省「職場の安全サイト」）。
　（http://www.anzeninfo.mhlw.go.jp/yougo/yougo03_1.html）（2019 年 9 月 1 日閲覧）。

要である。すなわち、メンタルヘルス不調の未然防止のためには、①職場環境の改善等により心理的負担を軽減させること（職場環境改善）、②労働者のストレスマネジメントの向上を促すこと（セルフケア）が重要である[18] が、万一、メンタルヘルス不調に陥る労働者が発生した場合に、その早期発見と以下のように適切な対応を図ることが必要である[19]。

（1） 労働者による自発的な相談とセルフチェック

事業場の実態に応じて、労働者の相談に応ずる体制を整備するとともに、事業場外の相談機関の活用を図るなど、労働者が自ら相談を受けられるよう必要な環境整備を行うものとする。

この相談体制については、ストレスチェック結果の通知を受けた労働者に対して、相談の窓口を広げ、相談しやすい環境を作るために重要である。また、ストレスへの気付きのために、随時、セルフチェックを行うことができる機会を提供することも効果的である。

（2） 管理監督者、事業場内産業保健スタッフ等による相談対応

管理監督者は、日常的に、労働者からの自発的な相談に対応するよう努める必要がある。特に、長時間労働等により疲労の蓄積が認められる労働者などからは、話をよく聴き、適切な情報を提供し、必要に応じ事業場内産業保健スタッフ等や事業場外資源への相談や受診を促すよう努めるものとする。また、事業場内産業保健スタッフ等は、管理監督者と協力して、労働者の気づきを促して、保健指導、健康相談等を行うとともに、必要に応じて事業場外の医療機関への相談や受診を促すものとする。

（3） 労働者の家族による気づきや支援

労働者に日常的に接している家族は、労働者がメンタルヘルス不調に陥った際に最初に気づくことが少なくない。また、治療勧奨、休業中、職場復帰時および職場復帰

---

18) 黒木宜夫「近年のメンタルヘルス対策とストレスチェック制度の課題」日本職業・災害医学会会誌 65 巻 6 号 283 頁（2017 年）。
（ http:// www.jsomt.jp/journal/pdf/065060283.pdf）（2019 年 9 月 1 日閲覧）。
19) 独立行政法人 労働者健康安全機構「職場における心の健康づくり〜労働者の心の健康の保持増進のための指針〜」9 〜 10 頁（2019 年 3 月）。
（http://www.mhlw.go.jp/stf/seisakunitsuite/.../0000153869.htm）（2019 年 9 月 1 日閲覧）。

後のサポートなど、メンタルヘルスケアに大きな役割を果たす。

このため、事業者は、労働者の家族に対して、ストレスやメンタルヘルスケアに関する基礎知識、事業場のメンタルヘルス相談窓口等の情報を社内報や健康保険組合の広報誌等を通じて提供することが望ましい。

(4) 職場環境の変化への対応

特定非営利活動法人 自殺対策支援センター ライフリンク「自殺実態白書 2013」によれば、配置転換や転職等による職場環境の変化がきっかけとなってうつになり自殺する人が少なくないということである。

本調査によれば、自殺の「危機経路」事例として、労働者は、①配置転換→過労＋職場の人間関係→うつ病→自殺、②職場のいじめ→うつ病→自殺が挙げられている [20] が、転勤や配置転換等の役割・地位の変化、仕事の失敗、仕事の量・質の変化等の際には、ストレスが高まることがある。このような時期には上司が「いつもとの違い」に注意したり、労働時間管理に注意するとともに、必要に応じてセルフチェックの実施や相談対応をしたり、問題が発見された場合は専門家へつなぐ等、適切な対応が行われるようにする必要がある。

3．職場復帰における支援

メンタルヘルス不調を有する労働者の増加に伴い、彼らの職場復帰に対する支援も産業保健上の大きな課題となってきた。

こうした状況下で、2004 年には、「心の健康問題により休業した労働者の職場復帰支援の手引き」（復職支援手引き）がまとめられた。これは、メンタルヘルス指針と異なり、安衛法と関連づけられていないため、これに沿った取り組みは、事業者の義務でも努力義務でもないが、中規模以上の事業場で行われるべき標準的な活動内容が示されていると言える [21]。なお、この手引きは 2009 年および 2012 年に改訂された。職場復帰支援の流れを表6に示すこととする。

メンタルヘルス指針 6 −(4)によれば、「メンタルヘルス不調により休業した労働者が円滑に職場復帰し、就業を継続できるようにするため、衛生委員会等において調査審

---

20) 特定非営利活動法人 自殺対策支援センターライフリンク「自殺実態白書 2013」9 頁
  （2013 年 3 月）。なお、自殺の「危機経路」事例の「→」は連鎖、「＋」は併発を表す。
  （http://www.lifelink.or.jp/hp/whitepaper.html）（2019 年 9 月 1 日閲覧）。

21) 廣・前掲注 8) 11 頁。

表6　職場復帰支援の流れ

本手引きによる職場復帰支援の流れは、病気休業開始から職場復帰後のフォローアップまでの次の5つのステップからなっている。事業者は本手引きを参考にしながら、個々の事業場の実態に即した職場復帰支援プログラムを策定することが重要である。 ＜第1ステップ＞ 　病気休業開始及び休業中のケアの段階であり、①「労働者からの診断書（病気休業診断書）の提出」、②「管理監督者によるケア及び事業場内産業保健スタッフ等によるケア」、③「病気休業期間中の労働者の安心感の醸成のための対応」、④「その他」で構成される。 ＜第2ステップ＞ 　主治医による職場復帰可能の判断の段階であり、①「労働者からの職場復帰の意思表示と職場復帰可能の判断が記された診断書の提出」、②「産業医等による精査」、③「主治医への情報提供」で構成される。 ＜第3ステップ＞ 　職場復帰の可否の判断及び職場復帰支援プランの作成の段階であり、①「情報の収集と評価」、②「職場復帰の可否についての判断」、③「職場復帰支援プランの作成」で構成される。 ＜第4ステップ＞ 　最終的な職場復帰の決定の段階であり、①「労働者の状態の最終確認」、②「就業上の配慮等に関する意見書の作成」、③「事業者による最終的な職場復帰の決定」，④「その他」で構成される。 ＜第5ステップ＞ 　職場復帰後のフォローアップの段階であり、①「疾患の再燃・再発、新しい問題の発生等の有無の確認」、②「勤務状況及び業務遂行能力の評価」、③「職場復帰支援プランの実施状況の確認」、④「治療状況の確認」、⑤「職場復帰支援プランの評価と見直し」、⑥「職場環境等の改善等」、⑦「管理監督者、同僚等への配慮等」で構成される。

出所：厚生労働省「心の健康問題により休業した労働者の職場復帰支援の手引き」（2012年7月）。
　　　（kokoro.mhlw.go.jp/…/files/syokubahukki_h24kaitei.pd）（2019年9月1日閲覧）。

議し、職場復帰支援プログラムを策定するとともに、その実施に関する体制整備やプログラムの組織的かつ継続的な実施により、労働者に対する支援を実施する」こととしている。

4．職場活性化対策

　職場活性化とは、労働者一人ひとりが互いに良い影響を与え合い、仕事において高いパフォーマンスを発揮し続けている状態のことを言う。仕事を遂行する上では、限られた人材や時間、経費の中で最大限の収益をあげることが重要とされているが、機械的な効率化では無味乾燥な作業の繰り返しとなり、モチベーションが維持できない

状況になることもある。こうした状況で、重要となるのは職場がどれだけ活性化しているかである[22]。

メンタルヘルス不調を未然に防止するためには、ただ単に仕事のストレスを軽減するだけでは不十分である。企業等組織の中で効果的な取り組みを行うためには、それに加えて、労働者が健康的に、いきいきと、効率的に働ける職場環境をつくる視点も欠かせない。こうした取り組みは「職場活性化対策」や「健康いきいき職場づくり」などと呼ばれている。

労働者がいきいきと働ける職場とは、つまり、労働者が周囲と良好なコミュニケーションを取り、相互に助け合いながら、目標達成に向けて一体感を持って仕事に取り組んでいける職場のことである。メンタルヘルス対策としても、そのような職場づくりを行っていくことが重要である[23]。取り組みを成功させるためには、各職場の管理監督者が当事者意識を持ち、自らの課題解決のために積極的に取り組んでもらうことが必須条件[24]と考える。

5．メンタルヘスの観点からのパワーハラスメント防止対策

（1）　職場におけるパワーハラスメントの内容

パワーハラスメント（以下「パワハラ」という。）の防止を中心とした、ハラスメントに関する一連の法改正が 2020 年 6 月 1 日から施行された。

今回の法改正の発端は、2017 年 3 月の「働き方改革実行計画」にパワハラ防止の強化が盛り込まれたことにある。

改正労働施策総合推進法（正式名称は「労働施策の総合的な推進並びに労働者の雇用の安定及び職業生活の充実等に関する法律」）によれば、パワハラとは、職場において行わ

---

22)　社員教育研究所ホームページ参照。
　　（http://www.shain-kyouiku.jp/word/0090.html）（2019 年 9 月 1 日閲覧）。
23)　企業がメンタルヘルスに取り組むことの意義としては次のようなメリット挙げられる。
　　① CSR（Corporate Social Responsibility）重視イメージによる優秀な人材・取引先・株主の確保、②発症予防や復職支援による従業員の定着、③離職率、休職率、休業率、事故率の低下による生産性の向上、④経営への信頼感とロイヤルティの醸成、⑤セクハラ、パワハラ、コンプライアンス、などでのリスクの低減効果、⑥悩みやストレス軽減により仕事に専念できる環境作り、⑦健保組合などで財政の悪化の防止、⑧メンタル・タフネスの啓蒙教育による従業員の自立支援、などである（渡部卓「企業のメンタルヘルス対策」RMFOCUS 第 11 号 11 頁（2004 年））。
24)　難波克行「ストレスチェックを職場改善に活かす手法と実務のポイント」労政時報3930 号 61 頁（2017 年）。

れる①優越的な関係を背景とした言動であって、②業務上必要かつ相当な範囲を超えたものにより、③労働者の就業環境が害されるものであり（法30条の2第1項）、①から③までの3つの要素を全て満たすものを言う。

なお、客観的にみて、業務上必要かつ相当な範囲で行われる適正な業務指示や指導については、職場におけるパワハラには該当しないということである。

職場におけるパワハラの3要素の具体的な内容は表7のとおりである。

個別の事案について、その該当性を判断するに当たっては、当該事案における様々な要素を総合的に考慮して判断することが必要であり、その判断に際しては、相談窓口の担当者等が相談者の心身の状況や当該言動が行われた際の受け止めなどその認識にも配慮しながら、相談者および行為者の双方から丁寧に事実確認等を行うことも重要である[25]。

(2) 職場における産業保健部門との連携

パワハラなどハラスメントの被害に着目した場合、近年、精神的ストレスから、うつ病などの精神疾患を発症したことによる労災申請が急速に増加している。

うつ病のような症状（注意力・意欲の低下、記憶力の低下、疲労感・倦怠感など）が出ている状態、つまりうまく脳が働かない状態・元気がない状態で事実確認を行ってしまうと、心身に負担がかかり症状が悪化するだけでなく、「話していることのつじつまが合わない」等と指摘されて被害者が信用を失うことにつながる。

メンタルヘルス不調は、身体の不調と同様に症状の軽いうちにケアすることが非常に重要である。症状が悪化すると長期の休職につながることが多く、本人にも職場にも大きな影響を与えてしまう。

メンタルヘルス不調が生じている時にはまず体調を回復させるために休業させる等の処置が必要となるが、人事・コンプライアンス・弁護士等の非医療職だけではその判断が難しい。そこで必要となるのが産業保健部門との連携である。心身の不調が疑われる従業員に関しては早めに産業医・産業看護職等の産業保健スタッフに面接してもらい、受診が必要な状態かどうか、休養が必要な状態かどうかを判断してもらうことが重要である[26]。

また、被害者の心のケアも大事であるが、行為者も会社にとっては大事な従業員の

---

25) 厚生労働省 雇用環境・均等局雇用機会均等課「職場におけるパワーハラスメントに関する指針等の解説」ジュリ1546号22頁（2020年）。
26) 津野香奈美「メンタルヘスとハラスメント予防」ジュリ1546号44頁（2020年）。

表7　職場におけるパワハラの３要素の具体的な内容

職場におけるパワハラの３要素	具体的な内容
① 優越的な関係を背景とした言動	当該事業主の業務を遂行するに当たって、当該言動を受ける労働者が行為者に対して抵抗又は拒絶することができない蓋然性が高い関係を背景として行われるものを指す。 （例） ・職務上の地位が上位の者による言動 ・同僚又は部下による言動で、当該言動を行う者が業務上必要な知識や豊富な経験を有しており、当該者の協力を得なければ業務の円滑な遂行を行うことが困難であるもの ・同僚又は部下からの集団による行為で、これに抵抗又は拒絶することが困難であるもの
② 業務上必要かつ相当な範囲を超えた言動	社会通念に照らし、当該言動が明らかに当該事業主の業務上必要性がない、又はその態様が相当でないものを指す。 （例） ・業務上明らかに必要性のない言動 ・業務の目的を大きく逸脱した言動 ・業務を遂行するための手段として不適当な言動 ・当該行為の回数、行為者の数等、その態様や手段が社会通念に照らして許容される範囲を超える言動
③ 労働者の就業環境が害されるもの	当該言動により、労働者が身体的又は精神的に苦痛を与えられ、労働者の就業環境が不快なものとなったため、能力の発揮に重大な悪影響が生じる等の当該労働者が就業する上で看過できない程度の支障が生じることを指す。 　この判断に当たっては、「平均的な労働者の感じ方」、すなわち、「同様の状況で当該言動を受けた場合に、社会一般の労働者が、就業する上で看過できない程度の支障が生じたと感じるような言動であるかどうか」を基準とすることが適当である。 　なお、言動の頻度や継続性は考慮されるが、強い身体的又は精神的苦痛を与える態様の言動の場合には、１回でも就業環境を害する場合があり得る。

出所：厚生労働省 雇用環境・均等局雇用機会均等課「職場におけるパワーハラスメントに関する指針等の解説」ジュリ 1546 号 22 頁（2020 年）。
　　　厚生労働省「あかるい職場応援団」（http://www.no-harassment.mhlw.go.jp/）（2020 年 6 月 1 日閲覧）。

はずであるであることから、双方にどういうアプローチを行えば両者がより良いパフォーマンスを発揮できるのかという視点[27] からパワハラ防止対策を考えることが必要である。

パワハラは、行為を受けた被害者にはもちろん、行為者側、使用者側にも心理的・身体的・時間的負担を強いる。精神的・身体的健康が損なわれれば、仕事の生産性も低下する危険性が大きく、職場全体の生産低下も免れない。

したがって、メンタルヘスの観点から考えるパワハラ防止対策は、産業保健部門と、ハラスメント相談や認定等を行う人事・コンプライアンス・弁護士等の専門部門とが上手く連携し、パワハラ被害の防止や発生の未然防止に取り組むこと[28] が一層重要である。

Ⅳ. ストレスチェック制度の意義と特徴

1. ストレスチェックの定義と目的

ストレスチェック制度とは、「ストレスチェック及びその結果に基づく面接指導の実施等を内容とした、安衛法 66 条の 10 に係る事業場における一連の取組全体」を指すもので、労働者のストレスの程度を把握し、労働者自身のストレスへの気付きを促すとともに、職場改善につなげ、働きやすい職場づくりを進めることによって、労働者がメンタルヘルス不調となることを未然に防止すること（一次予防）を主な目的としている[29]。

ストレスチェックを実施する者を「実施者」と呼ぶ。実施者は、医師、保健師または厚生労働大臣が定める研修を修了した看護師・精神保健福祉士の中から選ぶ必要があり、外部委託も可能である。その他、実施者を補助するための実施事務従事者などについても、役割を決めておかなければならない（表8参照）。

ストレスチェック制度は 2015 年 12 月から施行され、契約期間が 1 年未満の労働者および労働時間が通常の労働者の所定労働時間の 4 分の 3 未満の短時間労働者を除くすべての労働者を対象に、毎年 1 回はストレスチェックを実施することが事業者に義

---

27) 稲尾和泉「ハラスメント対策に必要な意識とは」産業カウンセリング 373 号 15 頁（2019 年）。

28) 津野・前掲注 26）45 頁。

29) 厚生労働省「安衛法に基づくストレスチェック制度実施マニュアル」4 頁（2019 年 7 月改訂版）。（http://www.mhlw.go.jp/content/000533925.pdf）（2019 年 9 月 1 日閲覧）。

表8　ストレスチェックの実施体制と役割

実施体制	役割
事　業　者	・ストレチェック制度の実施責任 ・方針の決定
ストレスチェック制度担当者 （衛生管理者、事業場内メンタルヘルス推進 担当者など）	・ストレチェック制度実施計画の策定 ・実施の管理　等
実施者（産業医など） ↓指示 実施事務従事者 （産業保健スタッフ、事務職員など）	・ストレスチェックの実施※ （企画および結果の評価） ・実施者の補助※ （調査票の回収、データ入力等）

※ストレスチェックの「実施の事務」を行う。実施の事務とは、人事に関して直接の権限を持つ監督的地位にある者が従事できない事務を言う。個人情報を扱うため守秘義務がある。
出所：厚生労働省「ストレスチェック制度導入ガイド」4頁（2016年4月1日公開）に基づき作成（筆者一部修正）。
　　　（http://www.mhlw.go.jp/bunya/roudoukijun/.../160331-1.pdf）（2019年9月1日閲覧）。

務付けられている。

　また、「安衛法に基づくストレスチェック制度実施マニュアル」（以下、「実施マニュアル」という。）[30] によれば、「安衛法66条の10第1項の規定によるストレスチェックは、調査票[31] を用いて、安衛則52条の9第1項1号から3号までに規定する3つの領域に関する項目、すなわち、①職場における当該労働者の心理的な負担の原因に関する項目、②当該労働者の心理的な負担による心身の自覚症状に関する項目、③職場における他の労働者による当該労働者への支援に関する項目により検査を行い、労働者のストレスの程度を点数化して評価するとともに、その評価結果を踏まえて高ストレス者[32]」を選定し、医師による面接指導の要否を確認するものをいう」としている。

---

30)　厚生労働省・前掲注29）33頁。
31)　ストレスチェック調査票とは、ストレスチェックの実施に用いる紙媒体または電磁的な媒体による自記式の質問表を言う。事業者がストレスチェックに用いる調査票は、安衛則52条の9第1項1号から3号までに規定する3つの領域に関する項目が含まれているものであれば、実施者の意見及び衛生委員会等での調査審議を踏まえて、事業者の判断により選択することができるものとする（「ストレスチェック指針」（正式名称は「心理的な負担の程度を把握するための検査及び面接指導の実施並びに面接指導結果に基づき事業者が講ずべき措置に関する指針」）より抜粋）。

2．ストレスチェック制度の特徴

　安衛法に基づき、50人以上の事業場では年に1度のストレスチェックの実施が事業者に義務付けられている（労働者数50人未満は努力義務）。健康診断とは異なり、労働者に義務は課せられていないが、積極的な受検が望まれる。

　ストレスチェック制度の特徴は、個人のメンタルヘルス面のセルフチェックや医師による面接指導とともに、集団分析として職場のストレス度を評価・改善するという方向性を示したことにある[33]。

　ストレスチェック結果については、個人情報保護の観点から結果の取扱いに個別の同意が必要となるが、集団分析については、回答者が10人以上の職場集団である場合、統計的な処理を行うため、個別の同意取得は不要とされている。一方、回答者が10人に満たない職場集団では、結果によっては個人の特定への懸念があることから、集団分析を行う場合にはその対象者全員の同意が必要とされている[34]。

　集団分析については、法的には努力義務とされている。

　また、集団分析の結果の活用として、管理監督者の評価ではないこと、結果の解釈においては実施者等の意見、助言を受けること、集団分析の結果という定量的な結果

---

32)　ストレスチェック制度では、「自覚症状が高い者や、自覚症状が一定程度あり、ストレスの原因や周囲のサポートの状況が著しく悪い者」を高ストレス者として選ぶ。そしてその者であって、医師による面接指導が必要と評価された労働者を、面接指導につなぎフォローしていく。高ストレス者を実際に選定するにあたっては、以下の2通りの方法が挙げられている。
A.「心身のストレス反応」の評価点数が高い者
B.「心身のストレス反応」の評価点数の合計が一定以上の者であって、かつ、「仕事のストレス要因」及び「周囲のサポート」の評価点数の合計が著しく高い者
　すなわち、A.は現在ストレスによる症状が顕著に出ている者、B.は現在ある程度の症状が出ており、今後さらに不調化するリスクが高い者、ということになる。なお、厚生労働省のマニュアルでは、これらA.及びB.に該当する者の割合を10%程度とする評価基準が示されているが、それぞれの事業場の状況により、その割合を変更することができる。また、厚生労働省のマニュアルでは、「医師、保健師、看護師若しくは精神保健福祉士又は産業カウンセラー若しくは臨床心理士等の心理職が労働者に面談を行いその結果を参考として選定する方法も考えられる」とある。つまり、実施者からの指名および指示のもとに、カウンセラーらが補足的に面談を行い、評価点数に加え、その面談結果も参考として選定する方法もある。
　東京メンタルヘルスホームページ参照。(http://www.t-mental.co.jp/highstress/highstress-about)（2019年9月15日閲覧）。
33)　岩崎明夫「ストレスチェックの現状とその対策」産業保健21 第95号12頁（2019年）。(http://www.johas.go.jp/Portals/0/data0/.../95_p12-15.pdf)（2019年9月15日閲覧）。

だけではなく、管理監督者による日常の職場管理で得られた情報、労働者からの意見聴取で得られた情報、および産業保健スタッフによる職場巡視で得られた情報なども勘案して職場環境を総合的に評価することが肝要とされている。管理監督者の評価とするような誤用や自己式調査票を使用していることからくる限界にも留意を要する[35]。

集団ごとの集計・分析結果に基づく職場環境の改善については、表9に示すこととする。

表9　集団ごとの集計・分析結果に基づく職場環境の改善

> 事業者は、ストレスチェック結果の集団ごとの集計・分析結果に基づき適切な措置を講ずるに当たって、実施者又は実施者と連携したその他の医師、保健師、看護師若しくは精神保健福祉士又は産業カウンセラー若しくは臨床心理士等の心理職から、措置に関する意見を聴き、又は助言を受けることが望ましい。
>
> また、事業者が措置の内容を検討するに当たっては、ストレスチェック結果を集団ごとに集計・分析した結果だけではなく、管理監督者による日常の職場管理で得られた情報、労働者からの意見聴取で得られた情報及び産業保健スタッフによる職場巡視で得られた情報等も勘案して職場環境を評価するとともに、勤務形態又は職場組織の見直し等の様々な観点から職場環境を改善するための必要な措置を講ずることが望ましい。このため、事業者は、次に掲げる事項に留意することが望ましい。
>
> ① 産業保健スタッフから管理監督者に対し職場環境を改善するための助言を行わせ、産業保健スタッフ及び管理監督者が協力しながら改善を図らせること。
>
> ② 管理監督者に、労働者の勤務状況を日常的に把握させ、個々の労働者に過度な長時間労働、疲労、ストレス又は責任等が生じないようにする等、労働者の能力、適性及び職務内容に合わせた配慮を行わせること。

出所：厚生労働省「心理的な負担の程度を把握するための検査及び面接指導の実施並びに面接指導結果に基づき事業者が講ずべき措置に関する指針（ストレスチェック指針）」11 頁（改正2018 年 8 月 22 日）。

---

34)　しかし、分析を行いたい集団におけるストレスチェックの合計点の平均値を用いたり、「仕事のストレス判定図」を使用したりするなど、個人が特定されない方法で3〜9人の集団分析を行うことは可能である（2名以下は個人が特定される可能性が高いため不適切である）。その場合は衛生委員会等で調査審議し、事業場内規程として定め、労働者に周知しなければならない（厚生労働省「ストレスチェック制度関係 Q & A」）。(http://www.mhlw.go.jp/bunya/roudoukijun/.../150507-2.pdf)（2019 年 9 月 15 日閲覧）。

35)　岩崎明夫「ストレスチェック制度とその留意点」産業ストレス研究 23 巻 2 号 149 〜150 頁（2016 年）。

3．ストレスチェック実施上の注意点

　ストレスチェック制度は、労働者の個人情報が適切に保護され、不正な目的で利用されないようにすることで、労働者も安心して受け、適切な対応や改善につなげられる仕組みである。このことを踏まえて、厚生労働省「ストレスチェック制度導入ガイド」[36]では、実施上の注意点として以下のことを挙げている。

（1）　プライバシーの保護

①事業者がストレスチェック制度に関する労働者の秘密を不正に入手するようなことがあってはならない。

②ストレスチェックや面接指導で個人の情報を取り扱った者（実施者とその補助をする実施事務従事者）には、法律で守秘義務が課され、違反した場合は刑罰の対象となる。

③事業者に提供されたストレスチェック結果や面接指導結果などの個人情報は、適切に管理し、社内で共有する場合にも、必要最小限の範囲にとどめる。

　以上のとおり、事業者は秘密の漏えいや不正入手に留意すべきである。また、実施者が労働者のストレスの状況を正確に把握し、メンタルヘルス不調の防止および職場改善につなげるためには、事業場において、ストレスチェック制度に関する労働者の健康情報の保護が適切に行われることが極めて重要である。

（2）　不利益取扱いの防止

　事業者が以下の行為を行うことは禁止されている。

①　次のことを理由に労働者に対して不利益な取扱いを行うこと
・医師による面接指導を受けたい旨の申出を行ったこと
・ストレスチェックを受けないこと
・ストレスチェック結果の事業者への提供に同意しないこと
・高ストレスと評価された労働者が医師による面接指導の申出を行わないこと

②　面接指導の結果を理由として、解雇、雇い止め、退職勧奨、不当な動機・目的による配置転換・職位の変更を行うこと

　以上のとおり、事業者が面接指導の申出をした労働者に対し、その申出を理由とする不利益な取扱いを行うこと、ストレスチェックを受けないことを理由として不利益

36）　厚生労働省「ストレスチェック制度導入ガイド」19頁（2016年4月1日公開）。

な取扱いを行うことは禁止されるべきとされている。

　労働者が面接指導を受けていない時点においてストレスチェック結果のみで就業上の措置の要否および内容を判断することはできないことから、事業者は、当然に、ストレスチェック結果のみを理由とした不利益な取扱いについても行ってはならないということである。

　なお、不利益な取扱いの理由がそれぞれに掲げる理由以外のものであったとしても、実質的にこれらに該当するとみなされる場合には、その不利益な取扱いについても行ってはならないとされている[37]。

Ⅴ．ストレスチェック制度の課題

　ストレスチェックをきっかけに、働く者一人ひとりが自らのストレスの状況に気づきセルフケアなどの対処をするとともに、事業者は、長時間労働の改善や職場内のコミュニケーションのあり方などを含めた職場環境の見直しを行い、働きやすい職場づくりを進めることが重要である。

１．ストレスチェック制度の法的課題

　ストレスチェック制度をめぐる法的課題については、これまでにいくつかの点が論じられている[38]が、本項ではストレスチェック制度の法的課題として、定期健康診断（以下、「健診」という。）とストレスチェックとの関係を取り上げることとする。

（1）　健診とストレスチェックとの関係に関する安衛法上の定め

　安衛法上両者は、同時期の実施は認められるが、明確に区別されるべきとされている（同法66条1項）。これは、健診の目的が健康障害の発見にあり、健康障害の第二

---

37)　労働調査会「改正労働安全衛生法に基づくストレスチェック制度」労働基準広報1906号15頁（2016年）。

38)　例えば、本項で取り上げている「定期健康診断とストレスチェックとの関係」のほかに「労働者本人へのストレスチェック結果（面接指導の要否）の通知をめぐる法的課題」および「集団ごとの集計・分析と職場環境の改善（努力義務）をめぐる法的課題」（山田長伸「ストレスチェック制度をめぐる法的課題」産業ストレス研究23巻4号321～324頁（2016年））や「健康測定およびその結果を受けてのメンタルヘルスケア（心理相談）とストレスチェック制度との関係」（廣尚典「ストレスチェック制度―今後の課題と展望」産業ストレス研究23巻4号348頁（2016年））などが論じられている。

次予防的活動であることからも、当然のことと考えられる[39]。両者の違いを表 10 に示すこととする。

しかし、実際には、必ずしも明確とは言えない。すなわち、精神的健康状態の把握が健診の対象から除外されているのかと言えば、決してそうではない。安衛法 66 条の 5 において、事業者は健診の結果異常の所見がある者については必要とされる就業上の措置を講じなければならないとされているところ、その対象からメンタルヘルス不調は除外されておらず、それゆえ、健診項目の 1 つである「自覚症状及び他覚症状[40] の有無の検査」（安衛則 44 条 1 項 2 号）の中で精神的健康状態の把握を行うことが予定されているのである。

他方、ストレスチェックにおいても、その検査項目の 1 つとして「当該労働者の心理的負担による心身の自覚症状に関する項目（安衛則 52 条の 9 第 2 号）が規定されている。

したがって、安衛法 66 条 1 項において健診とストレスチェックは別の制度であると明記しても、精神的健康状態の把握に関する限り、重複は避けられず、事業者が安全配慮義務[41] を履行したと言えるためには、健診においてどの程度「自覚症状及び

---

39)　廣・前掲注 38) 347 頁。

40)　自分で自覚する自覚症状に対して、他覚症状とは、病気の症状が医師や観察者に明白にわかる状態、または、その症状を言う。

41)　安全配慮義務とは、事業者が従業員を使用する時に「安全に働ける」環境を整えるよう配慮や対策を行う事業者側の責任である。雇用契約書や就業規則などに明示されていなくても、雇用契約の締結に伴って事業者が当然に負うべき義務であり、裁判例（最判昭和 50 年 2 月 25 日民集 29 巻 2 号 143 頁。いわゆる「陸上自衛隊事件」）によって確立され、2008 年 3 月に施行された労働契約法 5 条「使用者は、労働契約に伴い、労働者がその生命、身体等の安全を確保しつつ労働することができるよう、必要な配慮をするものとする。」で明文化された。

また、事業者が労働者に対して健診やストレスチェックを実施することは、安衛法上事業者に課せられた公法上の義務を履行するとともに、私法（民事）上の安全配慮義務を履行することを意味する（山田・前掲注 38) 322 頁）。この点については、裁判例においても、「いわゆる安全配慮義務は、ある法律関係に基づいて特別な社会的接触の関係に入った当事者間において、当該法律関係の付随義務として当事者の一方又は双方が相手方に対して信義則上負う義務として一般的に認められるべきものである。そして、一般の企業において、その従業員に対する健診の実施は、労働契約ないし雇用契約関係の付随義務である安全配慮義務の履行の一環として位置づけられるものである」（東京地判平成 7 年 11 月 30 日労判 687 号 27 頁「東京海上火災保険・海上ビル診療所事件」）と判示されているところである。そして、この理はストレスチェックの実施においても妥当するものである（山田・前掲注 38) 322 頁）。

表10　定期健康診断とストレスチェックの対比

定期健康診断	ストレスチェック
① 健康障害の発見を主目的とする	① 高ストレス者の固定、ストレスプロフィール^(注)の測定を主目的とする
② 労働者に受検義務がある	② 労働者に受検義務まではない
③ 結果は、事業者に知らされる	③ 結果は、本人の了解がない限り、事業者に知らされない
④ 精神面の健康評価も行うが、それに関する細かい規定はない（ストレスチェックに該当するような内容は認められない）	④ 3領域（仕事のストレス要因、心身のストレス反応、周囲のサポート）の内容を含む必要がある

注：個人のストレスプロフィールとは、ストレスチェック実施により出力される個人の結果であり、仕事のストレス要因、心身のストレス反応、周囲のサポートなどの程度について、個人ごとにその特徴や傾向をレーダーチャート等で示したものを言う。
出所：廣尚典「ストレスチェック制度—今後の課題と展望」産業ストレス研究23巻4号347頁（2016年）に基づき作成（筆者一部修正）。

他覚症状の有無の検査」を行う必要があるのか、換言すれば、ストレスチェックとは別の制度とされる健診において、事業者は、労働者の精神的健康に関し、いかなる内容の問診を行う必要があるのかが法的課題として挙げられる⁴²⁾。

(2)　ストレスチェック制度マニュアルの定め

　健診とストレスチェックとの違いについて、ストレスチェック制度マニュアルでは、「一般健診の自他覚症状の有無の検査（いわゆる医師による「問診」）は、労働者の身体症状のみならず、精神面の症状も同時に診ることにより、総合的に心身の健康の状況を判断するものであり、問診に含める検査項目について、事業場における労働者の健康管理を目的とするものであれば、原則として制限されません。しかし、このような問診を行ったことをもって、ストレスチェックに替えることはできません。一方で、法66条1項において、ストレスチェックは健診から除くこととされたため、健診の問診の中で法に基づくストレスチェックをそのまま実施することはできません。」具体的な例として、「健診の問診において『仕事のストレス要因』『心身のストレス反応』及び『周囲のサポート』の3領域にまたがる項目について点数化し、数値評価する方法でストレスの程度を把握することは、仮に『職業性ストレス簡易調査票』とは異なる項目を使用したとしても、法に基づくストレスチェックに該当するものを健診

---

42)　山田・前掲注38) 322頁。

として実施することとなるため、不適当です。一方、例えば『イライラ感』、『不安感』、『疲労感』、『抑うつ感』、『睡眠不足』、『食欲不振』などについて数値評価せずに問診票を用いて「はい・いいえ」といった回答方法で該当の有無を把握し、必要に応じて聞き取りをするような方法は、法に基づくストレスチェックには該当せず、問診として実施できる例として整理することが可能です。」と記されている[43]。

しかし、そうした注意書きの類を待つまでもなく、目的の相違から、健診では労働者の身体障害のみならず精神障害の発見も求められているのであるから、それを狙いとした設計になっていないストレスチェックとは大きく異なるものでなければならないはずである[44]。

(3) 安衛則改正にかかる施行通達の定め

平成 27 年 5 月 1 日付けで出された安衛則改正にかかる施行通達（基発 0501 第 3 号 5 頁）においても、「ストレスチェックは、調査票を用いて、52 条の 9 第 1 項 1 号から 3 号までに規定する 3 つの領域に関する項目により検査を行い、労働者のストレスの程度を点数化して評価するものであり、3 つの領域に関する項目を含まない調査票で検査を行うもの又は点数化せずに評価を行うものは、ストレスチェックには該当しないこと。」と述べられている。

この施行通達の立場からすれば、健診において労働者の精神的健康状態を把握するために行いうるのは、安衛法 52 条の 9 が規定する「3 つの領域をすべてカバーするものではない」自覚症状及び他覚症状の有無の検査、あるいは「点数化せずに行う」自覚症状及び他覚症状の有無の検査ということになる。

(4) 安全配慮義務の観点からみた健診とストレスチェック実施の意義

しかしながら、安全配慮義務の履行の一環として行う健診においては、問診内容として、「当該労働者の心理的な負担による心身の自覚症状に関する項目」のみならず、必要に応じて「職場における当該労働者の心理的な負担の原因に関する項目」（安衛則 52 条の 9 第 1 号）や「職場における他の労働者による当該労働者への支援に関する項目」（同第 3 号）についても含めざるを得ないケースも存在する。そうでなければ、安全配慮義務を尽くしたとは言えないとして責任を問われるおそれがあるからである。

---

43) 厚生労働省・前掲注 29) 36 〜 37 頁。
44) 廣・前掲注 38) 347 頁。

要するに、安全配慮義務の履行という観点から見れば、労働者の精神的健康状態の把握に関しては、ストレスチェックを実施すればそれで足りるということではなく、健診においても、従来どおり問診内容を工夫しながらその把握に努め、必要に応じて適切な事後措置を講じることが事業者に求められている[45]と考える。

健診における精神面の健康の評価については、今後、多くの職場でそのあり方が検討され、労働者の保護に対する十分な配慮のもとに充実化されることが望まれる。

以上、本項ではストレスチェック制度の法的課題として、健診とストレスチェックとの関係を取り上げたが、ストレスチェックの実施は、安全配慮義務の履行の一環という意味を有している以上、新たな制度の導入という点では、一定の量的負担の増加を伴うものである。

しかしながら、これまでの裁判例[46]にあるとおり、他方、新たな制度が導入されたからといって事業者の負担する安全配慮義務の内容に質的に変更をもたらすものではない[47]と考える。

2．ストレスチェック制度実施後の課題

（1） 実施率の向上

厚生労働省の「2018 年労働安全衛生調査（実態調査）結果の概況」[48]では、メンタルヘルス対策に取り組んでいる事業所[49]のうち、労働者のストレスの状況などについて調査票を用いて調査（以下「ストレスチェック」という。）した事業所の割合は62.9%（2017 年調査 64.3%）で、前年調査より 1.4%減少している。

また、事業所規模別では、300 人以上の規模の事業場において 95%以上実施してい

---

45)　山田・前掲注 38）322 頁。
46)　最判平成 26 年 3 月 24 日労判 1094 号 22 頁「東芝（うつ病・解雇）事件」。本判例では「使用者は、必ずしも労働者からの申告がなくても、その健康にかかわる労働環境等に十分な注意を払うべき安全配慮義務を負っているところ、労働者にとって過重な業務が続くなかでその体調の悪化が看取される場合には、精神的健康に関する情報については労働者本人からの積極的な申告を期待しがたいことを前提としたうえで、必要に応じてその業務を軽減するなどの労働者の心身の健康への配慮に努める必要がある」と判示されている。
47)　山田・前掲注 38）324 頁。
48)　厚生労働省「2018 年労働安全衛生調査（実態調査）結果の概況」（2019 年 8 月）。（https://www.mhlw.go.jp/toukei/list/h30-46-50b.html）（2019 年 9 月 15 日閲覧）。
49)　ここでいう事業所とは、常用労働者 10 人以上を雇用する民営事業所のうちから、産業、事業所規模別に層化して無作為に抽出した約 14,000 事業所のことである（厚生労働省・前掲注 48））。

るのに対して、中小規模の事業場になるほど実施率は低下しており、50〜99人規模の事業場では86.9%（2017年調査88.9%）となっている。

　なお、現在、実施義務のない50人未満の事業場では60%を割る水準である。

　中小規模事業場では体制が不十分であることが多く、実施後の検証や、課題を見直して手順を改善するPDCAサイクルにまで着手する余裕がないのが実情である[50]。したがって、外部専門機関への委託なども実施率向上対策の一つと言える。さらに、事業者や担当者の認識が不十分な場合もあり、ストレスチェックの実施をサポートする支援機関[51]と相談することも重要[52]と考える。

（2）　調査票の課題

1）　職業性ストレス簡易調査票（57項目）

　厚生労働省はストレスチェックの実施において、ストレス反応の評価法として，自己記入式質問尺度を用いて主観的ストレス反応を測定できる「職業性ストレス簡易調査票」（以下、「調査票」という。）[53]（後掲の【別表1】参照）を利用することを推奨している。

　この調査票は簡便にストレス反応を評価する尺度としては妥当であり、特に、うつとの関係が深い「疲労」を入れているなど、そもそもの出発点である「労働者の気づきを促す」目的には合致しており、また、これまでの身体的健康のために行われていた健康診断に加えて、メンタルヘルスチェックが行われるようになり、労働者の健康が心身両面から守られるようになることの意義は大きい[54]と言える。

---

50)　西規允「職場に合うストレスチェックを」（日本経済新聞〈朝刊〉2020年2月20日）。

51)　例えば、ストレスチェック制度サポートダイヤル、産業保健総合支援センター（各都道府県）および地域窓口（地域産業保健センター）、働く人の「こころの耳メール相談」・「こころの耳電話相談」などが挙げられる。

52)　岩崎・前掲注33）12頁。

53)　厚生労働省が推奨している「調査票」は、1995年〜1999年度労働省委託研究「作業関連疾患の予防に関する研究」のストレス測定グループ研究の成果である。この「調査票」には、57項目の調査票とその中から主要な質問項目を抜き出した23項目の調査票（簡略版）の2種類がある。23項目の調査表は57項目に比べて特にストレス要因に関する項目が少なくなっているので、より深く掘り下げて労働者のストレスの背景にある要因を探り、メンタルヘルス対策や職場環境改善に取り組むためには、57項目の調査票を使用することが望ましいとされている。後掲の【別表1】には、57項目を掲載している。

54)　山内直人「精神科医の立場からストレスチェックを考える」産業ストレス研究20巻4号313頁（2013年）。

　しかし、この調査票については筆者も試して自ら回答してみたが、自記式であることから高ストレスの評価が極めて主観的であるということである。

　例えば、質問項目Ａ－３の「一生懸命働かなければならない」や質問項目Ａ－４の「かなり注意を集中する必要がある」、質問項目Ａ－６の「勤務時間中はいつも仕事のことを考えていなければならない」という項目について、「そうだ」と答えたほうがストレスが高いと評価される[55]ということであるが、労働に従事する心構えとして当然ともいえるようなこれらの質問に対して「そうだ」と答えることをもってストレスが高いと評価することが本当に適切なのか、疑問があると言わざるを得ない。したがって、質問項目の妥当性については今後さらに検討を要すると考える。

　　2)　新職業性ストレス簡易調査票（80 項目）

　今日、労働者のストレスやメンタルヘルスはより広い職場要因によって影響を受けていることから、国が示した調査票に新しい尺度を追加した「新職業性ストレス簡易調査票」（以下、「新調査票」という。）（後掲の【別表2】参照）が国の研究班により開発された[56]。

　新調査票では、仕事の負担に関する尺度を拡張して情緒的負担や役割葛藤が測定できるようになったと同時に、仕事の資源に関する尺度として、作業レベル（仕事の意義、役割明確さ、成長の機会など）、部署レベル（仕事の報酬、上司のリーダーシップなど）、事業場レベル（経営層との信頼関係、人事評価の公正さ、個人の尊重など）を追加し、職場環境要因をより広く測定できるようになった。また、重要なアウトカムとして、労働者の仕事へのポジティブな関わり（ワーク・エンゲイジメント[57]）、職場の一体感（職場のソーシャルキャピタル）、職場のハラスメントなどを測定できることに特徴があり[58]、職場環境改善への活用が広がっている[59]。

　以上のとおり、新調査票は職場環境の実態把握には優れている点にメリットがある。

---

55)　厚生労働省「数値基準に基づいて『高ストレス者』を選定する方法」（ストレスマニュアルチェックの解説）（2015 年 8 月 3 日）。

56)　「新調査票」は、2009 ～ 2011 年度厚生労働省厚生労働科学研究費補助金（労働安全衛生総合研究事業）「労働者のメンタルヘルス不調の第一次予防の浸透手法に関する調査研究」の研究成果である。この「新調査票」には、従来の「調査票」（57 項目）に、「新調査票」の推奨尺度セット標準版（63 項目）を追加した 120 項目の調査票と「調査票」（57 項目）に、短縮版（23 項目）を追加した 80 項目の調査票が開発されている（「新調査票」については、上記調査研究報告書（抄）286 ～ 297 頁参照）。後掲の【別表2】には、現場で導入しやすいとされている短縮版（23 項目）を追加した 80 項目の調査票を掲載している。

しかし、質問内容を従業員の立場から見ると、追加された23項目（短縮版）に含まれる会社の方針、上司や同僚との関係、ハラスメントに関わる質問に答えることは負担が大きいとも言える。したがって、新調査票を検討する際には、働き手の意識や行動に変化を促せる立場の経営者が事業所の方針表明、実態把握後に職場改善に役立てるという前後の周知や対応策を行った上で実施することが重要である。

（3）　組織分析活用の失敗事例の検討

組織分析の結果をうまく対策に展開できなかった事例での問題点と改善に向けたポイントとして、以下のことが挙げられている[60]。

1）　分析結果の活用方法の事前検討が不十分

ストレスチェックを実施することが目的になってしまわないように、実施後にどんな対策をすればよいかについて調査したり、検討したりする時間を確保し、それをあらかじめ年間の計画に含めることが重要である。

2）　集計単位が大き過ぎて実施把握が困難

集計単位が大きいと、平均値を見ただけでは個別の組織の特徴が分かりづらくなる。準備が大変になるかもしれないが、個別の組織ごとの分析を行うことが必要である。

3）　対策に必要な予算や時間、部門間連携等の体制不十分

分析の対象となる組織が多いと、事後の対策の計画が膨大になってしまうことがある。慣れないうちは、一部の組織を対象に、小規模に対策を開始するという方法も検討する価値がある。

4）　管理監督者の不注意な発言

組織分析の結果について管理監督者が部下を叱咤激励するなど管理監督者の不注意な発言例が挙げられている。ストレスチェックの結果を管理監督者に説明するときは、

57）　ワーク・エンゲイジメント（work engagement）とは、「オランダの労働・組織心理学者シャウフェリ（Schaufeli, W.B）らにより提唱された概念で、仕事に関連するポジティブで充実した心理状態であり、活力、熱意、没頭によって特徴づけられる。この状態は特定の対象・出来事・個人・行動に向けられた一時的な状態ではなく、仕事全体に向けられた持続的かつ全般的な感情と認知である。」（中村志津香＝川人潤子＝大塚泰正「製造従業者における仕事のストレッサー、仕事の主観的適合性およびワーク・エンゲイジメントとの関連」産業ストレス研究19巻3号255～256頁（2012年））。

58）　「新調査票」の特徴は、前掲注56）278頁。

59）　岩崎・前掲注33）15頁。

60）　難波・前掲注24）58～60頁。

ストレスチェックの位置づけや、結果の取り扱いについての注意事項を十分に説明しておく必要がある。

　　5）　後ろ向きな職場議論に終始してしまった例

　関係者が集まってストレスチェックの組織分析の結果を見ながら、今後の対策について検討しているときに、どうしても健康リスクの高い職場に関心が集まり、原因探し・犯人探しや、後ろ向きな議論に終始してしまうことが多い。ストレスチェックの結果は、犯人探しや原因追及に使うものではない。ただし、最初は、こうした愚痴をしっかり言い合い、その後で現実的な対策について議論する、というファシリテーションも有効である。

VI.　おわりに

　日本は、少子高齢化、生産年齢人口減少という構造的な人口問題に加え、生産性向上の低迷、革新的技術への投資不足といった課題を抱えている。日本経済再生に向けて最大のチャレンジは働き方改革とされている。

　2017年3月に決定された「働き方改革実行計画」において、メンタルヘルス対策等を含めた長時間労働の是正等を実現するための「働き方改革関連法案」（正式名称は「働き方改革を推進するための関係法律の整備に関する法律」）[61]が2018年6月29日の参議院本会議において可決・成立し、2019年4月1日より順次施行されることとなった[62]。

　現在、仕事や職業生活に関する強い不安、悩みまたはストレスを感じる労働者は、依然として全労働者の半数を超えている。

　さらに、2019年に発生した新型コロナウイルス感染症の流行・拡大の影響によって、

---

61)　働き方改革関連法は、次の8本の労働法の改正を行うための法律の通称である。（　）内は正式名称。
　　①労働基準法、②労働安全衛生法、③労働時間等設定改善法（労働時間等の設定の改善に関する特別措置法）、④じん肺法、⑤雇用対策法、⑥労働契約法、⑦パートタイム労働法（短時間労働者及び有期雇用労働者の雇用管理の改善等に関する法律）、⑧労働者派遣法（労働者派遣事業の適正な運営の確保及び派遣労働者の保護等に関する法律）
62)　例えば、時間外労働の上限規制の導入の施行日は、大企業が2019年4月1日、中小企業が2020年4月1日、自動車運転業務、建設業、医師が2024年4月1日である（厚生労働省「働き方改革」の実現に向けて）。
　　（http://www.mhlw.go.jp/stf/seisakunitsuite/.../0000148322.htm）（2019年9月15日閲覧）。

労働者もまた感染のリスクに直面するとともに、先行きの不透明さ、新型コロナウイルスと関連した差別や偏見、あるいは外出自粛などの不自由さによるストレスが高まっていると言われている。

　職場の中でよく見られるストレス要因については、職場の人間関係、仕事の質、仕事の量、仕事への適性、昇進・昇給の問題など様々なものがある[63]。

　また、過重労働等によって労働者の尊い命や健康が損なわれ、深刻な社会問題となっている。

　過労死等を未然に防ぐためには、長時間労働対策に加えて、メンタルヘルス対策の推進が重要である。2015年12月には、メンタルヘルス不調を未然に防止することを主な目的としたストレスチェック制度が創設され、労働者のメンタルヘルス対策は新たな一歩を踏み出している。

　今後のこの領域の課題としては、職場環境の改善[64]、職場と産業医との連携強化などが挙げられる。

　「労働安全衛生調査」（実態調査）[65] によると、メンタルヘルスケアに取り組んでいる事業所は、2015年調査では、59.7％、2016年は56.6％、2017年は58.4％、2018年は59.2％である。その中で、「労働者のストレス状況などについて調査票を用いて調査（ストレスチェック）」を選択した事業所の割合は、2015年：22.4％、2016年：62.3％、2017年：64.3％、2018年：62.9％となっており、2016年以降は60％代前半を推移している。

　今後、ストレスチェック制度の進展とともにわが国の事業所内のメンタルヘルスケアの取り組みが一層進むと考えられる。その結果、メンタルヘルスを企業経営に活かす時代が近い将来到来する[66] ことが予想される。

63）野村忍『情報化時代のストレスマネジメント』104頁（日本評論社、2006年）。

64）職場環境改善に取り組むことができる職場の条件として、赤津（2019）は、①事業者が職場改善の必要性と意義を理解し企業として取り組む姿勢を明確に打ち出せていること、②会社の組織として、職場や働き方に対する思いの共有があり職場の一体感を保とうとする風土があること、③作業改善活動を遂行するための社内インフラとしての職場体制の整備が行えること、の3つを挙げている。また、産業保健の源流は、職場における中毒などの災害対策と感染症等による労働力減少への対策から始まり、長い時間軸の中で健康経営という考え方取り入れられるようなった。メンタルヘルスにおける職場環境改善も長期的な視野に立った展開が必要と考えられる（赤津順一「医療側そして産業現場から見たストレスチェック活用上の課題」産業ストレス研究27巻1号99頁（2019年）。

65）厚生労働省「労働安全衛生調査」（実態調査）結果の概要（各年度）に基づき作成。

　最後に、働き方改革への対応が求められる中、メンタルヘルスに対する期待は高まっており、その期待に応えるためには、研修の充実等により産業医の質・量の確保を図るとともに、保健師等の他職種で構成される産業保健チームによる取り組みを進めていくことも重要である[67]。

66）黒木・前掲注 18）287 頁。

67）神ノ田昌博「働き方改革とこれからのメンタルヘルス対策」産業ストレス研究 26 巻 1
　　号 41 〜 42 頁（2018 年）。

職業性ストレス簡易調査票（57 項目）

A あなたの仕事についてうかがいます。最もあてはまるものに○を付けてください。

1．そうだ　2．まあそうだ　3．ややちがう　4．ちがう

1. 非常にたくさんの仕事をしなければならない ………………………… 1　2　3　4
2. 時間内に仕事が処理しきれない ……………………………………… 1　2　3　4
3. 一生懸命働かなければならない ……………………………………… 1　2　3　4
4. かなり注意を集中する必要がある …………………………………… 1　2　3　4
5. 高度の知識や技術が必要なむずかしい仕事だ ……………………… 1　2　3　4
6. 勤務時間中はいつも仕事のことを考えていなければならない …… 1　2　3　4
7. からだを大変よく使う仕事だ ………………………………………… 1　2　3　4
8. 自分のペースで仕事ができる ………………………………………… 1　2　3　4
9. 自分で仕事の順番・やり方を決めることができる ………………… 1　2　3　4
10. 職場の仕事の方針に自分の意見を反映できる……………………… 1　2　3　4
11. 自分の技能や知識を仕事で使うことが少ない……………………… 1　2　3　4
12. 私の部署内で意見のくい違いがある………………………………… 1　2　3　4
13. 私の部署と他の部署とはうまが合わない…………………………… 1　2　3　4
14. 私の職場の雰囲気は友好的である…………………………………… 1　2　3　4
15. 私の職場の作業環境（騒音、照明、温度、換気など）はよくない… 1　2　3　4
16. 仕事の内容は自分にあっている……………………………………… 1　2　3　4
17. 働きがいのある仕事だ………………………………………………… 1　2　3　4

B 最近１か月間のあなたの状態についてうかがいます。最もあてはまるものに○を付けてください。

1．ほとんどなかった　2．ときどきあった　3．しばしばあった　4．ほとんどいつもあった

1. 活気がわいてくる ……………………………………………………… 1　2　3　4

2. 元気がいっぱいだ ……………………………………… 1　2　3　4

3. 生き生きする ……………………………………………… 1　2　3　4

4. 怒りを感じる ……………………………………………… 1　2　3　4

5. 内心腹立たしい …………………………………………… 1　2　3　4

6. イライラしている ………………………………………… 1　2　3　4

7. ひどく疲れた ……………………………………………… 1　2　3　4

8. へとへとだ ………………………………………………… 1　2　3　4

9. だるい ……………………………………………………… 1　2　3　4

10. 気がはりつめている……………………………………… 1　2　3　4

11. 不安だ……………………………………………………… 1　2　3　4

12. 落着かない………………………………………………… 1　2　3　4

13. ゆううつだ………………………………………………… 1　2　3　4

14. 何をするのも面倒だ……………………………………… 1　2　3　4

15. 物事に集中できない……………………………………… 1　2　3　4

16. 気分が晴れない…………………………………………… 1　2　3　4

17. 仕事が手につかない……………………………………… 1　2　3　4

18. 悲しいと感じる …………………………………………… 1　2　3　4

19. めまいがする……………………………………………… 1　2　3　4

20. 体のふしぶしが痛む……………………………………… 1　2　3　4

21. 頭が重かったり頭痛がする……………………………… 1　2　3　4

22. 首筋や肩がこる …………………………………………… 1　2　3　4

23. 腰が痛い…………………………………………………… 1　2　3　4

24. 目が疲れる………………………………………………… 1　2　3　4

25. 動悸や息切れがする……………………………………… 1　2　3　4

26. 胃腸の具合が悪い………………………………………… 1　2　3　4

27. 食欲がない………………………………………………… 1　2　3　4

28. 便秘や下痢をする………………………………………… 1　2　3　4

29. よく眠れない……………………………………………… 1　2　3　4

C あなたの周りの方々についてうかがいます。最もあてはまるものに○を付けてください。

1．非常に　2．かなり　3．多少　4．全くない

次の人たちはどのくらい気軽に話ができますか？

1．上司 ……………………………………………………………… 1　2　3　4

2．職場の同僚 …………………………………………………… 1　2　3　4

3．配偶者、家族、友人等 …………………………………… 1　2　3　4

あなたが困った時、次の人たちはどのくらい頼りになりますか？

4．上司 ……………………………………………………………… 1　2　3　4

5．職場の同僚 …………………………………………………… 1　2　3　4

6．配偶者、家族、友人等 …………………………………… 1　2　3　4

あなたの個人的な問題を相談したら、次の人たちはどのくらいきいてくれますか？

7．上司 ……………………………………………………………… 1　2　3　4

8．職場の同僚 …………………………………………………… 1　2　3　4

9．配偶者、家族、友人等 …………………………………… 1　2　3　4

D 満足度について

1．満足　2．まあ満足　3．やや満足　4．不満足

1．仕事に満足だ ………………………………………………… 1　2　3　4

2．家庭生活に満足だ …………………………………………… 1　2　3　4

出所：厚生労働省版「ストレスチェックプログラム」掲載の「職業性ストレス簡易調査票（57項目）」に基づき作成。
（https://www.mhlw.go.jp/bunya/roudoukijun/anzeneisei12/dl/stress-check_j.pdf）
（2020年2月28日閲覧）。

【別表２】
新職業性ストレス簡易調査票（80 項目）

A あなたの仕事についてうかがいます。最もあてはまるものに○を付けてください。

1．そうだ　2．まあそうだ　3．ややちがう　4．ちがう

1. 非常にたくさんの仕事をしなければならない ……………………1　2　3　4
2. 時間内に仕事が処理しきれない …………………………………1　2　3　4
3. 一生懸命働かなければならない …………………………………1　2　3　4
4. かなり注意を集中する必要がある ………………………………1　2　3　4
5. 高度の知識や技術が必要なむずかしい仕事だ …………………1　2　3　4
6. 勤務時間中はいつも仕事のことを考えていなければならない ……1　2　3　4
7. からだを大変よく使う仕事だ ……………………………………1　2　3　4
8. 自分のペースで仕事ができる ……………………………………1　2　3　4
9. 自分で仕事の順番・やり方を決めることができる ………………1　2　3　4
10. 職場の仕事の方針に自分の意見を反映できる…………………1　2　3　4
11. 自分の技能や知識を仕事で使うことが少ない…………………1　2　3　4
12. 私の部署内で意見のくい違いがある……………………………1　2　3　4
13. 私の部署と他の部署とはうまが合わない………………………1　2　3　4
14. 私の職場の雰囲気は友好的である………………………………1　2　3　4
15. 私の職場の作業環境（騒音、照明、温度、換気など）はよくない…1　2　3　4
16. 仕事の内容は自分にあっている…………………………………1　2　3　4
17. 働きがいのある仕事だ……………………………………………1　2　3　4

**B 最近 1 か月間のあなたの状態についてうかがいます。最もあてはまるものに○を
付けてください。**

| 1．ほとんどなかった　2．ときどきあった　3．しばしばあった　4．ほとん
どいつもあった |
| --- |

1. 活気がわいてくる ……………………………………………………1　2　3　4

2. 元気がいっぱいだ …………………………… 1 2 3 4

3. 生き生きする ………………………………… 1 2 3 4

4. 怒りを感じる ………………………………… 1 2 3 4

5. 内心腹立たしい ……………………………… 1 2 3 4

6. イライラしている …………………………… 1 2 3 4

7. ひどく疲れた ………………………………… 1 2 3 4

8. へとへとだ …………………………………… 1 2 3 4

9. だるい ………………………………………… 1 2 3 4

10. 気がはりつめている………………………… 1 2 3 4

11. 不安だ………………………………………… 1 2 3 4

12. 落着かない…………………………………… 1 2 3 4

13. ゆううつだ…………………………………… 1 2 3 4

14. 何をするのも面倒だ………………………… 1 2 3 4

15. 物事に集中できない………………………… 1 2 3 4

16. 気分が晴れない……………………………… 1 2 3 4

17. 仕事が手につかない………………………… 1 2 3 4

18. 悲しいと感じる……………………………… 1 2 3 4

19. めまいがする………………………………… 1 2 3 4

20. 体のふしぶしが痛む ………………………… 1 2 3 4

21. 頭が重かったり頭痛がする………………… 1 2 3 4

22. 首筋や肩がこる……………………………… 1 2 3 4

23. 腰が痛い……………………………………… 1 2 3 4

24. 目が疲れる…………………………………… 1 2 3 4

25. 動悸や息切れがする ………………………… 1 2 3 4

26. 胃腸の具合が悪い …………………………… 1 2 3 4

27. 食欲がない…………………………………… 1 2 3 4

28. 便秘や下痢をする …………………………… 1 2 3 4

29. よく眠れない………………………………… 1 2 3 4

C あなたの周りの方々についてうかがいます。最もあてはまるものに○を付けてください。

| 1. 非常に　2. かなり　3. 多少　4. 全くない |

次の人たちはどのくらい気軽に話ができますか？

1. 上司 ……………………………………………………………… 1　2　3　4
2. 職場の同僚 …………………………………………………… 1　2　3　4
3. 配偶者、家族、友人等 ……………………………………… 1　2　3　4

あなたが困った時、次の人たちはどのくらい頼りになりますか？

4. 上司 ……………………………………………………………… 1　2　3　4
5. 職場の同僚 …………………………………………………… 1　2　3　4
6. 配偶者、家族、友人等 ……………………………………… 1　2　3　4

あなたの個人的な問題を相談したら、次の人たちはどのくらいきいてくれますか？

7. 上司 ……………………………………………………………… 1　2　3　4
8. 職場の同僚 …………………………………………………… 1　2　3　4
9. 配偶者、家族、友人等 ……………………………………… 1　2　3　4

D 満足度について

| 1. 満足　2. まあ満足　3. やや不満足　4. 不満足 |

1. 仕事に満足だ ………………………………………………… 1　2　3　4
2. 家庭生活に満足だ …………………………………………… 1　2　3　4

E あなた自身のお仕事について、もう少し詳しくうかがいます。最もあてはまるものに○をつけてください。

| 1. そうだ　2. まあそうだ　3. ややちがう　4. ちがう |

1. 感情面で負担になる仕事だ ……………………………………………… 1　2　3　4
2. 複数の人からお互いに矛盾したことを要求される ……………… 1　2　3　4
3. 自分の職務や責任が何であるか分かっている ………………… 1　2　3　4
4. 仕事で自分の長所をのばす機会がある ……………………………… 1　2　3　4

F あなたが働いている職場についてうかがいます。最もあてはまるものに○をつけてください。

1．そうだ　2．まあそうだ　3．ややちがう　4．ちがう

1. 自分の仕事に見合う給料やボーナスをもらっている …………… 1　2　3　4
2. 私は上司からふさわしい評価を受けている …………………………… 1　2　3　4
3. 職を失う恐れがある ………………………………………………………… 1　2　3　4
4. 上司は、部下が能力を伸ばす機会を持てるように、取り計らってくれる
 …………………………………………………………………………………… 1　2　3　4
5. 上司は誠実な態度で対応してくれる ……………………………………… 1　2　3　4
6. 努力して仕事をすれば、ほめてもらえる ……………………………… 1　2　3　4
7. 失敗しても挽回(ばんかい)するチャンスがある職場だ ………… 1　2　3　4

G あなたの働いている会社や組織についてうかがいます。最もあてはまるものに○をつけてください。

1．そうだ　2．まあそうだ　3．ややちがう　4．ちがう

1. 経営層からの情報は信頼できる …………………………………………… 1　2　3　4
2. 職場や仕事で変化があるときには、従業員の意見が聞かれている… 1　2　3　4
3. 一人ひとりの価値観を大事にしてくれる職場だ …………………… 1　2　3　4
4. 人事評価の結果について十分な説明がなされている …………… 1　2　3　4
5. 職場では、(正規、非正規、アルバイトなど)いろいろな立場の人が職場の一員と
 して尊重されている ………………………………………………………… 1　2　3　4
6. 意欲を引き出したり、キャリアに役立つ教育が行われている …… 1　2　3　4
7. 仕事のことを考えているため自分の生活を充実させられない …… 1　2　3　4

8. 仕事でエネルギーをもらうことで、自分の生活がさらに充実している
   ……………………………………………………………… 1　2　3　4

**H あなたのお仕事の状況や成果についてうかがいます。最もあてはまるものに○を
つけてください。**

1．そうだ　2．まあそうだ　3．ややちがう　4．ちがう

1. 職場で自分がいじめにあっている（セクハラ、パワハラを含む）… 1　2　3　4
2. 私たちの職場では、お互いに理解し認め合っている ……………… 1　2　3　4
3. 仕事をしていると、活力がみなぎるように感じる ………………… 1　2　3　4
4. 自分の仕事に誇りを感じる ………………………………………… 1　2　3　4

出所：厚生労働省厚生労働科学研究費補助金（労働安全衛生総合研究事業）「労働者のメンタルヘルス
　　　不調の第一次予防の浸透手法に関する調査研究」（2011 年度総括・分担研究報告書（抄））293
　　　～ 297 頁に掲載の「職業性ストレス簡易調査票（現行版＋新版推奨尺度セット短縮版）」に基づ
　　　き作成。
　　　(http://www.mhlw.go.jp/file/05-Shingikai.../0000050925.pdf) (2020 年 2 月 28 日閲覧)。

（本稿は、神戸学院法学 49 巻 1 号 59 ～ 103 頁（2020 年）に掲載した論文を一部加筆修正したも
のである）。

事項索引

人名索引

〈編著者紹介〉

赤堀勝彦（あかぼり　かつひこ）

〈略　歴〉

1964 年 3 月	早稲田大学商学部卒業
1964 年 4 月	日本火災海上保険株式会社（現、損害保険ジャパン株式会社）入社
	ニューヨーク駐在員事務所長、能力開発部主管等を経て
2002 年 4 月	長崎県立大学経済学部、大学院経済学研究科教授（～ 2007 年 3 月）
2007 年 4 月	長崎県立大学名誉教授
2007 年 4 月	神戸学院大学法学部、大学院法学研究科教授（～ 2012 年 3 月）
2012 年 4 月	神戸学院大学法学部、大学院法学研究科非常勤講師（～ 2020 年 3 月）

その他、立命館大学大学院、岡山大学大学院、倉敷芸術科学大学の非常勤
講師歴任
日本リスクマネジメント学会理事
ソーシャル・リスクマネジメント学会理事
博士（法学）、CFP® 認定者、1 級 F P 技能士、産業カウンセラー

〈主要共編著書〉
『損害保険の基礎』（経済法令研究会、1995 年）
『生命保険の基礎』（共著）（経済法令研究会、1996 年）
『リスクマネジメントと保険の基礎』（経済法令研究会、2003 年）
『最近のリスクマネジメントと保険の展開』（ゆうり書房、2005 年）
『企業リスクマネジメントの理論と実践』（三光、2008 年）
『企業の法的リスクマネジメント』（法律文化社、2010 年）（日本リスクマネジメント学会賞受賞）
『カウンセリング入門―職場における心のリスクマネジメント―』（三光、2010 年）
『インストラクションスキル―眠くさせない講義・講演のすすめ方』（保険毎日新聞社、2011 年）
『実践 リスクマネジメント』（三光、2012 年）
『ライフキャリア・デザイン―自分らしい人生を送るためのリスクマネジメント―』【改訂版】（三光、
　2012 年）
『保険のしくみが分かる本』（金融ブックス、2014 年）
『ベーシック リスクと保険用語辞典』（編著）（金融ブックス、2015 年）
『リスクマネジメント入門―いま、リスクの時代を生き抜くために―』（保険教育システム研究所、
　2017 年）
『実践 企業リスクマネジメント―最適な保険設計のために―』（編著）（保険教育システム研究所、
　2018 年）
『F P 基礎―ファイナンシャル・プランニング』【五訂版】（保険毎日新聞社、2018 年）
『危機管理政策入門―危機に対してどのように立ち向かうか―』（編著）（保険教育システム研究所、
　2018 年）
『超低金利時代のマネー＆ライフプラン～パーソナルファイナンスのすゝめ』【改訂版】（保険毎日新
　聞社、2019 年）
『就活生・新社会人のためのプレゼンテーション入門』【改訂版】（保険毎日新聞社、2019 年）
『就活生・新社会人のためのキャリアデザイン入門～理論と実践～』（保険毎日新聞社、2019 年）

新版 カウンセリング入門
～職場におけるメンタルヘルスマネジメント～

編 著 者	赤 堀 勝 彦
発 行 日	2021 年 3 月 15 日

発 行 所	株式会社保険毎日新聞社
	〒110-0016　東京都台東区台東4-14-8
	シモジンパークビル2F
	TEL 03-5816-2861／FAX 03-5816-2863
	URL http://www.homai.co.jp/
発 行 人	森 川 正 晴
カバーデザイン	塚 原 善 亮
印刷・製本	モリモト印刷株式会社

©2021　AKABORI Katsuhiko　Printed in Japan
ISBN978-4-89293-440-7